AF461644

NOTICE HISTORIQUE

SUR

MONSEIGNEUR BOUGAUD

ÉVÊQUE DE LAVAL

PAR

M. L'ABBÉ F. LAGRANGE

CHANOINE DE NOTRE-DAME, VICAIRE GÉNÉRAL D'ORLÉANS

PARIS

LIBRAIRIE POUSSIELGUE FRÈRES

CH. POUSSIELGUE, SUCCESSEUR

RUE CASSETTE, 15

1889

NOTICE HISTORIQUE

SUR

MONSEIGNEUR BOUGAUD

ÉVÊQUE DE LAVAL

OUVRAGES DE M. L'ABBÉ F. LAGRANGE

Vie de Mgr Dupanloup, évêque d'Orléans. 4e édition, 3 forts volumes in-8° avec 2 portraits........................ 22 fr. 50

LE MÊME OUVRAGE. 6e édition. 3 volumes in-18 jésus. 10 fr. 50

Histoire de saint Paulin de Nole, 2e édition. 2 volumes in-18 jésus avec gravure, plan et vue........................ 6 fr.

Histoire de sainte Paule. 5e édition. Beau volume in-8°, avec une gravure d'après Flandrin........................ 7 fr. 50

LE MÊME OUVRAGE. 6e édition. In-18 jésus.............. 4 fr.

Lettres choisies de saint Jérôme. Nouvelle traduction française avec le texte en notes. 4e édition. In-18 jésus............ 4 fr.

Encyclique « Immortale Dei » (*Articles publiés dans la Défense*) avec le texte latin et français de l'Encyclique. In-8°........ 1 fr. 50

Encyclique (L') « **Libertas** » (*Articles publiés dans la Défense*). In-16.. 75 c.

Saint François de Sales, docteur de l'Eglise. Discours prononcés à la chapelle de la Visitation d'Orléans, pour les fêtes du Triduum, en l'honneur du doctorat de saint François de Sales, les 9, 10 et 11 mai 1878. In-12........................ 1 fr. 25

NOTICE HISTORIQUE

SUR

MONSEIGNEUR BOUGAUD

ÉVÊQUE DE LAVAL

PAR

M. L'ABBÉ F. LAGRANGE

CHANOINE DE NOTRE-DAME, VICAIRE GÉNÉRAL D'ORLÉANS.

PARIS
LIBRAIRIE POUSSIELGUE FRÈRES
CH. POUSSIELGUE, SUCCESSEUR
RUE CASSETTE, 15

1889

NOTICE HISTORIQUE

SUR

Mgr LOUIS-ÉMILE BOUGAUD

ÉVÊQUE DE LAVAL

Le 8 novembre 1887, le journal officiel annonçait la nomination de M. l'abbé Bougaud, vicaire général d'Orléans, à l'évêché de Laval ; cette nouvelle était accueillie avec une exceptionnelle faveur par le clergé français ; la presse catholique la saluait comme d'un long cri de joie ; le 2 février 1888, son sacre avait lieu à la cathédrale de Sainte-Croix, avec splendeur, au milieu d'un concours immense de prêtres et de fidèles ; le 4 mars de la même année, il faisait son entrée avec une magnificence non moins grande dans sa ville épiscopale ; huit mois après, le 7 novembre de la même année, une lugubre nouvelle retentissait tout à coup : Mgr Bougaud est mort ! A une grande joie et une grande espérance succédait un deuil aussi douloureux qu'inattendu.

L'Église de France en effet perdait un illustre écrivain, un brillant orateur, un apologiste de premier ordre, et un évêque qui déjà, par les promesses de son passé, et avant même d'avoir ni écrit ni agi comme évêque, était placé par l'opinion au premier rang parmi notre épiscopat.

Nous voudrions tracer ici, en quelques pages rapides, comme le cadre de sa vie, et dans ce cadre disposer ses multiples écrits et ses nombreuses prédications ; et puis, le peindre lui-même ; c'est-à-dire à cette peinture que tout écrivain et tout orateur fait de son âme dans ses livres et ses discours, ajouter les traits intimes nécessaires pour achever sa physionomie, et le présenter tout entier aux regrets de ses contemporains, à l'équitable appréciation de la postérité.

Sa biographie est peu compliquée : Son éducation, à Autun, à Dijon, à Saint-Sulpice ; son premier ministère dans sa ville natale, comme professeur au grand séminaire et aumônier à la Visitation ; sa longue participation à l'administration diocésaine d'Orléans ; son rapide passage à Laval : voilà le cadre de cette existence. Mais comme dans toutes les vies ordonnées par une bonté spéciale de Dieu, on y découvre sans peine une belle et féconde unité ; une coordination frappante des moyens à la fin ; une providentielle préparation aux travaux qui devaient la remplir, et les loisirs nécessaires pour l'achèvement de ces beaux et grands travaux.

I

Mgr Louis-Émile Bougaud naquit le 28 février 1823, à Dijon, dans cette Bourgogne qui a vu naître ou vivre sur son sol saint Bernard, Bossuet, Lacordaire, Montalembert, Lamartine.

Dans son cabinet de travail, à Orléans, deux portraits, qui se correspondaient, offraient au regard, l'un un type de militaire, aux lignes finement et nettement accusées, au regard vif et intelligent, à la physionomie mâle et fière; c'était son père, vétéran des armées impériales; l'autre une grande et noble figure de femme, empreinte d'une douce amabilité; c'était sa mère : les deux types fondus ensemble exprimeraient bien Mgr Bougaud; haut esprit, mâle et fier aussi, mais dont les ardeurs étaient contenues par une remarquable possession de lui-même, et l'énergique caractère tempéré par une aimable et souriante bonté.

Au petit séminaire d'Autun, où il fit ses premières études, il eut le bonheur d'avoir pour professeur de rhétorique l'abbé Pitra, depuis bénédictin et cardinal, grand érudit ; on peut croire que les leçons et les exemples d'un tel maître ne contribuèrent pas peu à développer dans son jeune élève le goût des recherches historiques et le sens critique.

C'est au grand séminaire d'Autun qu'il fit sa philosophie, et à celui de Dijon, sa théologie. Choisi alors lui-même pour l'enseignement des sciences ecclésiastiques, il fut, selon une excellente coutume encore en usage dans plusieurs diocèses, envoyé à Issy, à la Solitude, noviciat de la Compagnie de Saint-Sulpice, pour y achever son éducation sacerdotale, et s'y initier à l'art difficile d'élever le jeune clergé. Un prêtre éminent, M. l'abbé Renaudet, dirigeait alors cette maison : M. l'abbé Bougaud en reçut une empreinte ineffaçable, en ce qui touche la piété, la conception du vrai et pur idéal sacerdotal, le sens des choses mystiques, l'amour passionné de l'Église et des âmes : c'est par là surtout, quand il fut auprès de Mgr Dupanloup, que leurs âmes se rencontrèrent et se touchèrent.

Ordonné prêtre à Paris des mains de Mgr Affre, le 6 juin 1846, il rentra, après ses deux années d'Issy, à Dijon, et fut nommé professeur d'histoire ecclésiastique au grand séminaire ; il y resta depuis le mois d'octobre 1846 jusqu'à l'année 1851. Ses leçons qu'il nous montra un jour, écrites de sa main, et qui formeraient plusieurs volumes, prouveraient, si elles étaient en état d'être publiées, avec quelle conscience, quel labeur, et quel talent, il s'acquitta de ces fonctions.

Épuisé par les labeurs de l'enseignement, le jeune prêtre fut placé comme aumônier à la Visitation : son âme s'attacha à cette maison, et pendant dix années, de 1851 à 1861, il se livra, avec le même zèle et les mêmes succès qu'à l'enseignement, à ce ministère, qui le mettait en contact avec une autre jeunesse, mais toujours avec la jeunesse, et aussi avec une nouvelle catégorie d'âmes, des âmes religieuses, les filles de sainte Chantal et de saint François de Sales. Le souvenir de ces années fut toujours doux à son cœur. Le trait suivant va peindre un côté de sa nature. Un jour un religieux, qui avait été appelé à la Visitation pour y prêcher une retraite, exprima le désir que l'Aumônier n'assistât point à ses instructions. Timidement la Supérieure fit connaître à M. l'abbé Bougaud ce désir. Il ne dit rien, mais ne se laissa pas faire : et dès le premier entretien le Père eût pu l'apercevoir dans le sanctuaire de la petite chapelle ; et il en fut ainsi jusqu'à la fin de la retraite. « Je ne pouvais accepter, nous disait-il en nous racontant le fait, d'ignorer ce que pourrait dire pendant huit jours un prêtre étranger à des âmes dont j'avais la charge. »

Il se donnait beaucoup aussi à la prédication et à la direction des âmes dans Dijon.

Une grande question passionnait alors les érudits, la question de l'origine apostolique des Églises des Gaules. M. l'abbé Bougaud y entra par l'histoire de saint Benigne, premier évêque de Dijon. Cet ouvrage, écrit avec une rare distinction de style, frappa beaucoup ses compatriotes : la *Société Éduenne*, à laquelle il l'offrit, non seulement s'empressa de recevoir à cette occasion le jeune écrivain dans son sein, mais de plus elle lui fit l'honneur d'éditer le livre à ses frais : mais, malgré son mérite, c'est un peu le sort des ouvrages d'érudition, il ne franchit guère les limites de la province, et pénétra peu dans le grand public.

Saint François de Sales et sainte Chantal, ces deux grandes figures, ne pouvaient manquer de l'attirer. La vie du saint évêque de Genève venait d'être écrite à nouveau, et d'une façon remarquable, par le vénérable curé de Saint-Sulpice, M. Hamon. Sainte Chantal n'avait pas encore trouvé son historien. Laissons M. l'abbé Bougaud nous dire lui-même comment il fut amené à traiter ce beau sujet :

« L'Ordre de la Visitation possède sur sa fondatrice des manuscrits précieux, composés du vivant de la sainte, mais à son insu... Bien que j'eusse depuis plusieurs années les relations les plus intimes avec un des principaux monastères de la Visitation, c'est par hasard, et au moment où j'y pensais le moins, que ces documents précieux tombèrent dans mes mains. Leur lecture me ravit. J'y voyais paraître, dans un charme incomparable de pensées et de style, une si profonde admiration pour la vénérable mère de Chantal avec un souvenir de cœur si fidèle et si ému; on lui prêtait de si belles paroles; on en racontait de si héroïques choses; il paraissait dans tout ce qu'on disait d'elle une élévation de caractère si constante et si soutenue, une fécondité si puissante, un si rare accord de tendresse et de force, d'énergie et d'amour, que le désir me prit de lire sa vie, et j'ouvris celle qu'en avait donnée au

XVIIIe siècle l'abbé Marsollier. Dès les premières lignes, je fus étonné et affligé. »

Et M. l'abbé Bougaud explique, pourquoi Les *Mémoires* de la mère de Chaugy lui donnèrent une impression bien différente. « Là je retrouvais le charme disparu. Même beauté, même noblesse, même héroïsme. C'était bien ma grande sainte ; mais elle n'y était point tout entière. La religieuse était incomparable ; mais l'épouse, mais la dame du monde, mais la mère, la mère surtout, qu'était-elle donc devenue? Ces petits enfants tant aimés, et plus tard, hélas! tant pleurés, je les cherchais et je ne les trouvais pas. Ce qui m'étonnait encore et bien davantage, c'est que la fondatrice elle-même était absente de ces *Mémoires*. Il y avait là des pages si belles, empreintes de tant de charme, une sainte d'une trempe si singulière, faite pour agir et qui n'agissait pas. Je fus longtemps à pénétrer ce mystère. Je le découvris enfin. »

L'humilité de la sainte, qui défendait sévèrement à la jeune mère de Chaugy de parler d'elle-même, dans l'*Histoire des fondations*, tel était le mot de l'énigme. « La fondatrice n'y est pas ; elle est ailleurs ; ses grandes coopératrices n'y sont pas davantage, elles ont leur histoire à part. Et comme on écrit pour le cloître, voilà pourquoi les enfants de la sainte y figurent à peine, et pourquoi enfin l'épouse, la mère, la maîtresse de maison, la dame du monde, ne sont, pas plus que la fondatrice, touchées d'un trait. »

« Dès lors, ajoute M. l'abbé Bougaud, ne convenait-il pas de réunir tous ces documents divers, de les fondre ensemble, de les compléter les uns par les autres, de les éclairer au moyen de ces *Lettres* innombrables, de ces *Entretiens* si beaux, de ces *Mémoires* si curieux, de tous ces papiers enfin, réunis lors du procès de canonisation, et d'essayer avec tous ces secours une peinture complète de cette grande sainte?... Voilà ce que je me disais, et comment naissait peu à peu en moi l'idée de composer l'ouvrage que j'offre aujourd'hui au public. »

Un ouvrage ainsi conçu, étudié à ces sources, entrepris dans un tel but, à l'âge qu'avait alors l'auteur, un peu plus de trente ans, c'est-à-dire l'âge de l'enthousiasme qui dure encore et de la maturité qui commence, et du plein épanouissement du talent, ne pouvait manquer d'être remarquable. Il fut un chef-d'œuvre, et il eut sur la destinée de M. l'abbé Bougaud une influence décisive.

Il venait de paraître, et on n'en parlait presque pas : *Habent sua fata libelli.* Par hasard, l'évêque d'Orléans, Mgr Dupanloup, dont l'attention, pourtant, était très éveillée sur tout ce qui touchait à saint François de Sales et à sainte Jeanne de Chantal, rencontra ce livre à la Visitation d'Annecy, où l'avait amené, en juin 1861, le voyage qu'il faisait chaque année en Savoie, pour aller chercher, après de grands travaux, un peu de repos, de santé et de force dans ses montagnes, pour de nouveaux labeurs encore. A mesure qu'il lisait, son admiration croissait. Nous avions l'honneur de l'accompagner.

Un jour que nous revenions d'Annecy à Menthon, par cette belle route qui longe le lac, à un certain moment son émotion éclata. « Mon ami, nous dit-il, savez-vous que M. l'abbé Bougaud a un grand talent? Quel bonheur que cet homme-là soit dans l'Église! Entendez bien ce que je vous dis là, c'est un écrivain de la force peut-être de M. de Montalembert! » C'était la joie de l'évêque d'Orléans, comme aussi de ce grand Montalembert, dont le nom lui venait sur les lèvres, de découvrir un jeune talent. Avant même d'avoir achevé de lire le livre, il écrivait à son ami, M. Foisset, magistrat respecté de Dijon, pour lui demander qui était cet abbé Bougaud, dont il ne connaissait le nom que par une *Vie de sainte Chantal* qui le ravissait; et après une réponse de M. Foisset, aussi favorable que possible au jeune prêtre, il écrivait à celui-ci pour lui dire l'admiration que lui causait *Sainte Chantal*, et pour lui exprimer le désir qu'il aurait de faire sa connaissance personnelle. Quelques jours après, M. l'abbé Bougaud arrivait à Menthon; il y était accueilli, par l'évêque avec une paternelle et joyeuse cordialité, par les hôtes du vieux château avec quelque chose de plus encore que cette amabilité simple et noble qui caractérisait leur hospitalité; très grande admiratrice elle-même de sainte Chantal et de ses filles, dont elle devait plus tard écrire la vie, Mme de Menthon était particulièrement charmée de recevoir chez elle l'historien de la grande sainte. Son extérieur répondait à l'idée que son livre avait déjà donnée de lui,

Il avait 38 ans : haute et forte stature, belle tête encadrée de longs cheveux noirs, œil vif et intelligent, physionomie aimable et souriante, empreinte de finesse et de bonté, quelque chose d'éminemment sympathique et attrayant dans l'ensemble : ni timidité, ni confiance excessive : une réserve sans embarras ; une assurance simple, modeste et digne, quoique son avenir peut-être dépendît de cette entrevue ; homme d'esprit, de tact et de réelle distinction, tel il apparut tout d'abord. Lui-même semblait loin d'être insensible à cette séduction supérieure qu'exerçait sur tous ceux qui l'approchaient l'évêque d'Orléans, alors à l'apogée de sa gloire, et au premier rang de l'épiscopat dans cette lutte pour la souveraineté pontificale qui passionnait toutes les âmes. Les hôtes du château le devaient frapper aussi. Il y avait là, comblé des attentions délicates du comte et de la comtesse, le vieil, et si érudit et si spirituel baron d'Ehkstein, et le pétillant M. Sauzet, l'ancien garde des sceaux : M. du Boys et Mgr l'évêque de Grenoble allaient y arriver. Les entretiens de l'évêque avec le jeune prêtre dijonais furent fréquents sur cette terrasse de Menthon, d'où la vue plonge sur ce beau lac bleu, resplendissant, qu'encadrent des montagnes si pittoresques. Bien des choses vinrent dans ces entretiens, mais surtout sainte Chantal. Mgr Dupanloup avait, selon sa coutume, couvert de notes les pages du livre, et il mettait une égale ardeur à signaler les beautés qui l'avaient frappé et les rares imperfections qu'il avait cru aussi apercevoir : il voulait que l'auteur rendit parfait un livre qui était si près de l'être. La pieuse comtesse avait joint aux remarques de l'évêque celles que lui avaient fournies à elle-même les intuitions de sa piété et sa pénétration de femme du monde. La joie était vive de voir enfin glorifiés comme ils devaient l'être le saint et la sainte qu'on aimait. La *Vie* de sainte Chantal était définitive ; celle de saint François de Sales ne l'était peut-être pas. Il y avait surtout à faire, même après celle de l'abbé Migne, une édition complète de ses œuvres ; l'abbé Bougaud se montrait disposé à l'entreprendre. Il courait dans les entretiens comme une joyeuse ardeur. Un autre souvenir nous revient.

Quand l'évêque séjournait à Menthon, il y avait chaque dimanche un salut à la chapelle du vieux château. Un dimanche se rencontrant pendant que M. l'abbé Bougaud était là, il fut prié, presque à l'improviste, de parler. Son allocution fut charmante, pleine d'à-propos, d'élévation et de piété, et ravit surtout M. Sauzet, bon juge assurément.

Les observations, si fines, si délicates, si autorisées de l'évêque d'Orléans, furent mises à profit pour la seconde édition de l'ouvrage. Plus tard, quand elle parut, Mgr Dupanloup adressa à l'auteur une lettre, véritablement magistrale, sur la manière d'écrire la *Vie* des saints. Il y appréciait ainsi celle de sainte Chantal :

« Les qualités que je demandais, comme les défauts que je signalais, me ramènent à votre œuvre : ces défauts, vous avez su les éviter. Après avoir fait une étude approfondie de cette grande âme, vous l'avez retracée, non dans une pâle esquisse, mais dans une large et grande histoire, dans un complet tableau, où cette riche et féconde vie se déploie tout entière. Rien n'y est abrégé, écourté, ni cependant surchargé ; tout y a un développement convenable, harmonieux et vivant par les détails ; chaque fait s'y présente avec le cortège des circonstances qui le préparent, qui l'expliquent, qui l'éclairent ; la chronologie est toujours indiquée, les choses placées dans un ordre naturel et lumineux, les détails abondants sans superfluité, la marche du récit facile et rapide ; en sorte que je ne sais de quoi il faut vous féliciter le plus, ou de la sobriété sévère de votre goût, ou, comme disent les archéologues, du *fouillé* et du fini de votre œuvre. »

« L'évêque vers lequel sainte Chantal m'a conduit » : c'est ce que M. l'abbé Bougaud s'est plu souvent à dire de l'évêque d'Orléans. Cette rencontre, en effet, ne devait pas être passagère. On pense bien que Mgr Dupanloup avait sondé en tous sens le jeune prêtre qu'il avait appelé à Menthon, et que son désir devait être grand de s'attacher un tel homme. Il lui offrit donc à Orléans un poste de vicaire général, qui, tout en l'occupant, serait loin de l'absorber, et lui laisserait beaucoup de temps pour ses travaux personnels ; c'est-à-dire, résumant par ce mot sa pensée, « un piédestal et des loisirs ». Gagné sans doute lui-même par l'attraction du grand évêque et par ces perspectives, sans trop de résistance, M. l'abbé Bougaud accepta.

Ce ne fut pas toutefois sans douleur qu'il quitta la Visitation. « Que de larmes, a-t-il écrit, j'ai versées ! J'y avais été si bien reçu, il y a dix ans ! Epuisé, malade, on m'avait soigné avec tant de tendresse ! On avait réglé mes occupations d'une manière si délicate ! Je m'étais relevé, guéri ; et maintenant que j'allais bien, grâce à ces saintes religieuses, que je pouvais écrire, prêcher, commencer une vie active, je les quittais. Et je me faisais mille reproches ; je me traitais d'ingrat, mais sans oser m'arrêter, persuadé que c'était la volonté de Dieu que je suivisse une direction que je n'avais pas cherchée, et qui paraissait m'être venue d'une manière si providentielle. »

Une autre vie pour lui commence.

II

Le 3 novembre 1861, M. l'abbé Bougaud arrivait à Orléans. Une polémique avait appelé subitement l'évêque à Paris. Il admira, à son retour, la façon dont s'était installé déjà son nouveau vicaire-général. « Homme, a-t-il écrit à cette occasion, qui sait agir et s'établir. »

Mgr Dupanloup avait organisé puissamment son administration diocésaine : Aux quatre archidiaconés déjà institués étaient préposés quatre vicaires généraux ; à d'autres il avait donné d'autres départements, les études, les œuvres, etc. La division du travail, c'était pour Mgr Dupanloup la multiplication du travail. M. l'abbé Bougaud fut nommé archidiacre de Gien. Disons tout de suite qu'il ne tarda pas à montrer, contrairement à certain préjugé banal d'après lequel les hommes qui pensent et écrivent ne seraient pas aptes à agir, les qualités d'un véritable administrateur. Il savait traiter avec les hommes, et tout d'abord et jusqu'à la fin, il inspira grande confiance et affection au clergé orléanais. Esprit lucide et pénétrant, il excellait à démêler les affaires, à saisir le point précis des difficultés et à les résoudre. Les archives de l'évêché d'Orléans conservent de lui en particulier deux rapports qui frappèrent beaucoup le conseil, quand il les lut ; l'un sur l'école des Sourds-Muets, que Mgr Dupanloup voulait réorganiser ; l'autre sur les conventions faites entre le diocèse d'Orléans et la communauté des Pères de la Miséricorde qui possédaient alors Saint-Euverte : véritables chefs-d'œuvre d'exposition et de discussion.

Il faut dire pourtant qu'en temps ordinaire, et sauf l'époque des visites archidiaconales et des tournées de confirmation, son archidiaconé ne prenait chaque jour que peu de temps à M. l'abbé Bougaud. Ses matinées en particulier lui restaient tout entières. Il faut bénir Mgr Dupanloup de lui avoir fait et si longtemps ces loisirs qu'il sut employer à un si utile service de l'Église et des âmes. Les journées d'un vicaire général se ressemblent beaucoup à elles-mêmes. Son histoire, à partir de son arrivée à Orléans, n'est donc guère autre chose que celle de ses écrits et de ses prédications.

Il y avait à Orléans, dans cette admirable organisation des œuvres que nous avons essayé de décrire ailleurs, une association des mères chrétiennes. Une allocution qu'y fit M. l'abbé Bougaud peu de temps après son arrivée fut fort goûtée. Est-ce cette œuvre, si utile au temps où nous sommes, où tant de mères chrétiennes, hélas ! gémissent sur tant d'Augustins, qui lui inspira le travail auquel il ne tarda pas à mettre la main? Ou bien ses habituelles préoccupations au sujet des périls des âmes dans les temps présents lui en avaient-elles déjà suggéré l'idée? L'allocution dont nous parlons contenait en germe les pensées développées plus tard dans l'Introduction de ce beau livre. Quoi qu'il en soit, en 1862, l'année qui suivit son arrivée à Orléans, Mgr Dupanloup, revenant de Rome où l'avait amené la grande convocation faite par Pie IX à l'occasion de la canonisation des martyrs japonais, s'arrêta de nouveau à Menthon pour s'y reposer de ses glorieuses fatigues : M. l'abbé Bougaud vint encore l'y rejoindre. Il le suivit de là à Lacombe, et se trouva à l'abjuration d'une jeune Anglaise, Harriett Schilletto, aujourd'hui clarisse dans son pays : et peut-être l'inspiration qui vint plus tard à cette âme généreuse de s'immoler ainsi pour la conversion de l'Angleterre a-t-elle eu pour première origine la belle allocution que prononça alors dans la petite chapelle M. l'abbé Bougaud (1) !

Nous remarquions bien qu'il avait sans cesse à la main, dans nos promenades, un petit livre, que nous avions beaucoup lu et goûté nous-même autrefois ; nous ne soupçonnions cependant pas dans quel but notre collègue et notre ami en faisait une lecture, une étude si attentive. C'étaient les *Confessions de saint Augustin*. Il en était encore à ce premier travail, le plus émouvant de tous, a-t-il écrit lui-même, « où l'on cherche à travers les documents de toute nature à retrouver les grandes lignes de la vie et les traits principaux de la physionomie de celui qu'on veut peindre ». Quelques mois plus tard, lui, très peu communicatif en ces matières, voulait bien cependant nous confier son secret. Qu'on nous permette ce souvenir personnel : le cœur de notre ami s'y peint si bien ! « Avec tout autre, a-t-il écrit dans « un passage qu'on a bien voulu mettre sous nos « yeux, j'aurais gardé le silence. Il ne faut montrer « à personne des germes qui peut-être n'aboutiront « pas. Avec lui je pouvais sortir de ma réserve. Son « affection pour moi méritait bien cette exception. « *Sainte Monique!* dit-il, *quel sujet! C'est splendide.* « *Et moi, qui ai tant étudié les* Confessions, *mais*

(1) *Vie de Mgr Dupanloup*, t. II, p. 338, édition in-8°.

« *d'un autre point de vue, je ne l'ai pas entrevu!* » Le « lendemain matin il revint dans ma chambre : « *J'en ai rêvé*, me dit-il, *toute la nuit. Heureux homme* « *d'avoir trouvé un tel sujet!* Il était si ému que j'en « fus profondément touché...

« En dehors des travaux qui lui étaient demandés, « il aurait été heureux d'avoir un travail court, très « beau, une pierre précieuse à ciseler. Et comme il « était, » ajoute notre ami... (mais nous refusons à transcrire ce mot, pour nous pourtant si précieux,) « et qu'il adorait sa mère, ce sujet lui convenait à « merveille.

« C'est ce que je me disais tout le jour quand « il m'eut quitté... Ce pauvre ami, il serait si heu- « reux d'écrire la Vie de sainte Monique. Elle lui va « si bien. Pourquoi ne la lui offrirais-je pas?... « Plein de ces pensées, j'allai le trouver, et feignant « d'être dégoûté de cette Vie à laquelle je trouvais « tant de difficultés, je lui offris de s'en charger lui- « même. Mais il repoussa énergiquement cette pro- « position, et il mit plus de générosité à ne pas « accepter mon sacrifice que j'en avais mis à le lui « offrir. Nous étions bien amis déjà, mais à partir « de ce jour, notre amitié n'eut plus de bornes. » Oui, elle a été constante, intime, profonde... Hélas! hélas! Il n'est plus!

Nous pûmes donc assister ainsi, jour par jour, à l'élaboration de *Sainte Monique.* En étudiant saint Augustin, il allait d'admiration en admiration. Il chargeait de notes son exemplaire des *Confessions;*

il fouillait ses œuvres, et à chacun des mots tendres, profonds, sublimes, que ce grand génie et ce grand cœur a dit de sa mère, il tressaillait. Trois ans entiers il retint cet ouvrage, le travaillant et le retravaillant. Les documents étudiés à fond, il en avait tracé le plan tout entier, et l'ouvrage ainsi posé sous son regard, tous les chapitres arrêtés et dessinés, dans des proportions harmonieuses et un ordre lumineux, il prenait, avec amour, ces chapitres, l'un après l'autre, cherchant à faire de chacun d'eux quelque chose de parfait en soi, quoique coordonné à l'ensemble.

Pour faire un grand livre, que faut-il? Une idée ou un sentiment qui le porte et dont il n'est que le développement, c'est assez. « Ce drame d'un fils sauvé par les larmes de sa mère, et devenant, sous cette rosée vivifiante, un grand génie et un grand saint, » voilà toute *Sainte Monique*.

Ce fut comme une secousse dans les âmes à l'apparition de l'Introduction. Une grande thèse y était splendidement établie; thèse adaptée à un grand péril du temps, à un grand besoin des âmes, et qui allait directement au cœur des mères, à savoir la puissance du cœur maternel pour conserver ou ramener un fils; à la condition, bien entendu, qu'une mère soit une mère. Le nom de l'abbé Bougaud était alors connu; sainte Chantal enfin, et quelques prédications à Paris l'avaient porté au grand public; cette Introduction, publiée tout d'abord avant le livre, saisit les âmes; les cris éloquents échappés à l'écrivain, nous devrions dire à l'orateur, car cette Introduction avait d'abord été et restait un discours, malgré les efforts faits pour en tempérer les ardeurs oratoires, eurent dans l'âme des mères chrétiennes un profond retentissement. Le livre répondait à cette promesse.

Quelle poésie dans les premiers chapitres! Puis, quand on arrive à la jeunesse d'Augustin, quelle délicate et profonde analyse, philosophique et morale, de son double égarement, celui de son esprit et celui de son cœur! Quelle émouvante peinture des douleurs de Monique, de ses prières et de ses larmes, et de son courageux amour, qui suit son fils partout, de Carthage à Rome, de Rome à Milan. Ambroise apparaît; la lutte commence; le drame grandit; il se poursuit dans les larmes d'Augustin, il se dénoue dans les joies de son baptême. Quelle douceur, après ces émotions, et quel charme dans la peinture de ces entretiens de Cassiacum, si merveilleusement analysés et racontés! Monique ensuite disparaît dans une extase. Puis, comme sur un fond d'or, se dessine la figure du grand docteur et du grand saint que sera plus tard son fils. Tout cela, dans un style d'une correction, d'une beauté achevée, avec une flamme qui court dans toutes les pages. On devait être, on fut ravi. Dirons-nous cependant que c'est le livre des toutes jeunes filles? Non; c'est le livre des jeunes gens et des mères; des pères et des hommes aussi.

En quelques semaines, l'édition était épuisée, et

l'heureux auteur qui avait mis, lui aussi, dans son livre comme « le sang de son âme », acquérait la preuve que les âmes lui avaient répondu. De toutes parts on lui écrivait des lettres comme celles-ci :

« Si je réfléchissais, Monsieur, à la hardiesse qui me fait vous écrire, je ne prendrais pas la plume; mais je cède à l'élan d'une âme accablée de douleur, et qui n'ose encore s'abandonner à l'espérance. Je viens de lire votre livre, et j'ai baigné de mes larmes la page où vous dites qu'une mère peut sauver son fils, si elle le veut. Mais, moi, Monsieur, je ne suis qu'une pauvre pécheresse : le puis-je malgré cela?... Oh! Monsieur, sainte Monique doit vous aimer; priez-la pour une mère qui se meurt de douleur en pensant au salut de son fils... »

« J'ai là, sous les yeux, écrivait M. l'abbé Bougaud, dans l'avant-propos de la seconde édition, plus de cinquante lettres baignées des mêmes larmes, et arrachées aux mêmes émotions. » Quand un livre remue les âmes à de telles profondeurs, il n'y a pas à disputer sur les détails : il est beau.

Il y en a qui se sont demandé si parfois dans le style l'effort ne se fait pas çà et là sentir. Assurément le comble de l'art serait d'en faire disparaître toute trace. « L'art, a dit Fénelon, se discrédite lui-même; il se trahit en se montrant. » Mais heureux les écrivains qui permettent que l'on soulève devant leur œuvre un tel doute! D'autres ont cru que l'historien avait fait dans son récit la part trop large à saint Augustin. Ce reproche, M. Bougaud ne l'acceptait pas. Et il avait cent fois raison. Comprend-on sainte Monique sans saint Augustin? Et combien elle était dans le vrai cette mère qui écrivait à l'auteur de *Sainte Monique* : « Ceux qui seraient tentés de se plaindre que dans l'histoire de sainte Monique saint Augustin soit au premier plan et y tienne trop de place, ne savent pas ce que c'est qu'une mère. C'est le bonheur des mères de mettre leurs enfants au premier plan et de se cacher derrière eux. Mais, en se cachant, elles continuent de les porter. »

Chose singulière, Flandrin, qui a si bien compris une autre grande sainte, contemporaine de sainte Monique, sainte Paule, et qui s'est bien gardé de la séparer de sa fille, sainte Eustochium : elles sont là, toutes deux, dans sa belle galerie, l'une près de l'autre, regardant, d'un œil profond, du même côté, vers les choses invisibles et les éternelles espérances; Flandrin ne paraît pas avoir senti au même degré sainte Monique, que l'on voit, dans la même galerie, seule, sans Augustin. Est-ce bien Monique, ou n'importe quelle veuve? Comme Ari Scheffer, au contraire, a été mieux inspiré! Et comme M. l'abbé Bougaud a merveilleusement compris et interprété Ari Scheffer! Nous voulons citer ce passage, admirablement propre à montrer le grand sens artistique et esthétique de notre ami :

« Avez-vous vu quelquefois la belle peinture d'Ary Scheffer qui représente sainte Monique et saint Augustin sur le bord de la mer? Saint Augustin est assis au premier plan. C'est un jeune homme d'une trentaine d'années. Sa figure est pâle, fine, un peu triste encore, comme un malade qui a beaucoup souffert et qui entre en convalescence ; ses yeux sont noirs, profonds, pas assez trempés peut-être de sensibilité et de tendresse, mais pleins du plus beau feu ; sa bouche pensive est fermée, comme celle d'un homme habitué au travail de l'esprit. Des cheveux courts, taillés en rond autour de la tête, laissent voir un front large, sur lequel tombe un rayon de lumière, symbole de l'état où est maintenant cette puissante intelligence. Le coude du bras droit est appuyé sur le genou, et l'avant-bras semble se relever pour soutenir une tête fatiguée ; mais la tête n'a plus besoin d'appui : elle est droite, un peu renversée en arrière, afin de laisser au regard la liberté de se diriger vers le ciel. De la main gauche Augustin presse les mains de sa mère, comme pour dire que si, après tant d'erreurs, de déceptions et de luttes, il peut maintenant lever vers Dieu un regard purifié et heureux, c'est à sa mère qu'il le doit.

« Et cette mère, qu'elle est radieuse à côté de lui ! Elle est tout entière dans la lumière, tandis qu'Augustin est encore un peu dans l'ombre, ainsi qu'il convient à un pénitent ; et elle le domine de toute la tête, pour montrer qu'elle l'a précédé et que jusqu'ici elle est montée plus haut que lui dans la vérité et dans l'amour. Sous l'épanouissement de sa figure qui rayonne de joie j'aurais aimé qu'on pût apercevoir la trace effacée de ses larmes; mais que ses yeux sont beaux! comme tous les yeux du reste qui regardent le ciel; que cette bouche entr'ouverte laisse bien voir ce qu'il y a de tendresse dans cette âme aimante! et que voilà bien la joie pure, sereine, reconnaissante, d'une mère qui a retrouvé son fils! Vêtue de blanc, enveloppée de longs voiles qui retombent ainsi que des ailes au repos, on dirait qu'elle n'attend que le signal de s'envoler: et, dans l'état où elle est, ayant ramené à Dieu son Augustin, le laissant chrétien, repentant, en voie de devenir un saint, elle s'envolerait, en effet, si de ses deux mains elle ne pressait la main de son fils. Voilà ce qui la retient encore. Mais, en regardant de près ces deux mains, qui sont serrées plus qu'elles ne serrent, et qui vont s'entr'ouvrir, on pressent que cette dernière étreinte ne la retiendra pas longtemps (1). »

(1) Le passage suivant achèvera de montrer avec quel sens délicat Mgr Bougaud savait interpréter les œuvres d'art; il décrit ainsi, dans la péroraison de son panégyrique de Jeanne d'Arc, le chef-d'œuvre de la princesse Marie :

« Je vous regarde dans cette belle attitude que vous donnèrent récemment des mains royales, et je me demande si c'est vous ou la France que je vois : debout, comme un soldat que vous étiez et qu'elle est aussi; le pied en avant, en signe de l'élan français; la tête inclinée dans la modestie et dans la douceur, comme il convient quand on est fort comme vous, ô Jeanne, et comme vous aussi, ô France; l'épée non pas déchaînée et étincelante pour effrayer le monde, mais posée comme une croix sur votre noble poitrine, afin d'apprendre au monde que l'épée française est une épée chrétienne, une épée de civilisation et d'amour, qui ne se tire qu'à regret et toujours pour l'honneur; les mains modestement et fortement repliées sur le cœur pour le couvrir et le protéger, afin de rappeler à l'Europe qui craint trop les entraînements de la France, que si on peut en effet éblouir quelquefois

On se tromperait sur la pensée de M. l'abbé Bougaud dans *Sainte Monique*, si on s'arrêtait à ce point de vue particulier, si grand qu'il soit, des mères et des fils : il faut regarder plus loin, jusqu'à la question générale, et voir l'importance de cette question, aujourd'hui surtout, dans l'état du monde contemporain et la grande crise religieuse où nous sommes. M. l'abbé Bougaud a écrit : « Leibnitz disait : « On réformerait le monde, si on réformait « l'éducation. » Je dis à mon tour : On réformerait l'éducation, et les enfants, et les jeunes gens, et les hommes, et on tirerait ce siècle de la redoutable crise religieuse qu'il traverse, si on parvenait à transformer les mères. Et que faudrait-il pour cela? Une chose bien simple, et cependant rare, qui manque à presque toutes les mères, même aux meilleures; je veux dire la conscience de leur force divine, et le courage d'aller jusqu'au bout, quand il s'agit du salut de leurs enfants. »

Qu'on ne l'oublie pas, c'est dans ce grand horizon des questions générales que se meut habituellement la pensée de M. l'abbé Bougaud.

son grand esprit, l'aveugler avec un sophisme, et l'entraîner un instant, il y a quelque chose, en elle, qu'on n'atteint pas si facilement, qui résiste et qui resterait si tout venait à périr : c'est le cœur! Comme le vôtre, ô Jeanne, en ce triste et glorieux jour où vous mourûtes pour nous! le feu consuma vos vaillantes mains, même votre chaste poitrine; il éteignit vos beaux yeux pleins de pudeur et de flamme; tout fut brûlé, sauf le cœur! » — On pourrait rapprocher de ce passage celui où est si finement décrit le célèbre tableau de Léopold Robert : *Les Moissonneurs.*

III

A ces préoccupations constantes de l'état des âmes et de la crise religieuse en notre temps, se rattache le troisième grand livre de M. l'abbé Bougaud : l'*Histoire de la bienheureuse Marguerite-Marie et des Origines de la dévotion au Cœur de Jésus*. Il ne s'agit pas là seulement de compléter la biographie de sainte Chantal par celle de la première de ses disciples que Dieu ait glorifiée : il s'agit de montrer le couronnement de son œuvre par l'établissement d'une dévotion dont le développement se lie à nos meilleures espérances pour la restauration d'une France chrétienne. Dans le beau chapitre intitulé : *Comment la Visitation avait été créée pour être le sanctuaire du Sacré-Cœur*, M. l'abbé Bougaud explique la prédestination de l'ordre de la Visitation à cette dévotion si opportunément adaptée, comme il le montre avec une grande hauteur de vues, aux besoins des temps présents. C'est dans ce cadre qu'il dispose la *Vie* de la bienheureuse. Ce sujet l'introduisait, plus encore peut-être que la *Vie de sainte Chantal*, au cœur même du plus pur et du plus sublime mysticisme chrétien. Car c'est par des voies très spéciales qu'est conduite cette humble vierge à laquelle un jour Notre-Seigneur devait dire, en lui montrant son Cœur : « Le voilà, ce Cœur qui a tant aimé les hommes » ! et qu'il devait investir de la grande mission de répandre, du fond de son cloître, cette dévotion dans la France et dans le monde. C'est le même art, la même éloquence, le même style ardent et coloré, que dans les précédentes biographies ; mais c'est le côté profondément pieux et grandement sacerdotal de son âme qui se révèle particulièrement dans cet écrit : là surtout l'empreinte de M. l'abbé Renaudet et de la Solitude sur lui se découvre. Aussi le succès de ce livre, publié d'ailleurs très opportunément au moment des grandes fêtes de Paray-le-Monial, fut-il immense. Le pape Pie IX honora l'auteur d'un très remarquable bref. Le nom, comme le talent de M. l'abbé Bougaud, allait toujours grandissant. Le moment enfin était venu pour lui de mettre la dernière main à l'œuvre si longtemps rêvée, et incessamment méditée à travers tous ces travaux, l'œuvre directement apologétique.

IV

Le grand malheur et le grand péril des temps présents, c'est la rupture avec l'Église, commencée au XVIIIe siècle, et, nonobstant le réveil religieux qui marqua le commencement du XIXe, de nouveau reprise, et poursuivie, à d'autres profondeurs, et avec des armes autrement redoutables en notre siècle qu'au siècle dernier. M. l'abbé Bougaud était de ceux qui ne se consolent pas de ce divorce aussi désastreux qu'injustifié, et pour qui le retour de notre siècle au christianisme, et la réconciliation de la société moderne avec l'Église, est la grande question, la grande idée qui obsède leur vie. Il y avait une pensée d'apôtre certainement dans ses œuvres hagiographiques; l'hagiographie est le service direct des âmes ; il y avait aussi une pensée d'apologiste ; les héros du christianisme, les saints, les vertus suscitées par lui, en prouvent la divinité. Mais si démonstrative que soit cette preuve, elle n'est qu'un côté de l'œuvre immense qu'implique une apologétique proprement dite. Et cette œuvre, quoique identique au fond à elle-même, varie d'aspect avec les temps et doit suivre dans ses manifestations diverses la pensée humaine. La conviction profonde de M. l'abbé Bougaud était que, entre le christianisme et les temps présents, il n'y a qu'un grand malentendu, et que l'entente, la réconciliation de ceux-ci avec celui-là, est possible.

M. l'abbé Bougaud était essentiellement un homme moderne. Deux passions remplissaient son âme : l'amour de l'Église, il était prêtre ; et l'amour de son pays et de son temps, il était français. Certain donc qu'il n'y a pas d'autre salut pour les sociétés comme pour les individus que celui dont il a été dit : *Non est in alio aliquo salus*, il rêvait de travailler, lui aussi, dans la mesure de ses forces, à ramener ce siècle à Jésus-Christ. L'aimant, il l'étudiait, se penchait sur lui avec tendresse, posait la main sur son cœur, pour en sentir les battements, pour en sonder les aspirations, les besoins, les souffrances, les ressources.

Aussi bien, sans y prendre part, il avait été témoin des luttes quelquefois victorieuses, de son évêque contre l'incrédulité contemporaine. Il l'avait vu publier successivement l'*Avertissement à la jeunesse et aux pères de famille*; l'*Athéisme et le péril social*. Il préparait donc aussi lentement et silencieusement son livre. « J'en avais, dit-il, terminé plusieurs parties, quand le canon de Reichshoffen, en brisant mon âme, m'arracha la plume des mains. Je ne la repris que plus tard, au milieu des angoisses du siège de Paris et des horreurs de la Commune, soutenu par cette pensée qu'en travaillant pour Dieu, pour la religion et pour les âmes, je travaillais pour mon pays. C'est ainsi que ce premier volume fut achevé en pleurant. Je le publie aujourd'hui, ajoutait-il, — c'était en 1874 — après avoir attendu un peu, afin de laisser à nos cruelles épreuves le temps de donner leurs lumières et de porter leurs fruits. O France, tu profiteras de telles leçons ! Contiens ta colère, vieux lion blessé, et laisse couler le sang de tes plaies ; c'est le sang de l'expiation ! Tu peux devenir plus grande que jamais, ô France, tu as tant souffert ! Seulement, n'oublie pas ce que tes meilleurs citoyens ont entrevu dans l'éclair du péril, et à la base de l'édifice renouvelé de la patrie, pour qu'il ne connaisse plus de pareilles secousses, remets la Religion. »

Voilà d'abord un premier trait qu'il faut signaler dans l'apologétique de Mgr Bougaud, et qu'on ne trouve pas, nous ne voulons pas dire du tout, mais au même degré peut-être, dans les apologétiques contemporaines, excepté dans les Conférences du P. Lacordaire : ce si ardent et si profond amour de son temps ; cette justice pour ce qu'il a de grand, de noble et de généreux, jusque dans ses erreurs ; ce dévouement à ses détresses, à ses souffrances, à ses malheurs, grandissant avec ces malheurs mêmes et ses fautes ; et enfin l'invincible espérance de voir un jour « entre ce siècle aspirant à la vérité, souffrant de ne pas l'avoir, et l'Église qui la possède, dans un prochain avenir l'inévitable embrassement ».

Un second trait, qui se rapporte, non plus à l'inspiration même de l'œuvre, si nous pouvons ainsi dire, mais à la méthode de l'apologiste, c'est son attention à présenter la démonstration « sous un jour qui aille à la situation intellectuelle et morale » de nos contemporains. De l'antique méthode il se garde « de contester la sévère et grandiose ordonnance, de nier la souveraine logique ». Mais il en croit certains procédés, certaines discussions, fort en usage autrefois, moins en rapport avec ce temps-ci, bien qu'elles soient toujours, pour certains esprits, nécessaires ; le champ de l'apologétique, en effet, ira toujours, non en se rétrécissant, mais en s'élargissant ; pour lui, c'est surtout aux intimes beautés du christianisme, et à ses profondes harmonies avec la nature humaine qu'il s'attache.

Le christianisme, « Dieu, dit-il, l'a pétri avec la nature divine et la nature humaine ineffablement fondues ensemble ». Et par conséquent les dogmes chrétiens ne sont pas, ne peuvent pas être des choses bizarres, complètement étrangères à la nature humaine, devant lesquelles il n'y ait qu'à s'agenouiller et à courber la tête. « Ces dogmes, je ne les pénètre pas complètement sans doute ; je fais mieux, je les pressens, je les rêve, j'en porte les germes vivants dans les dernières profondeurs de ma nature... Mais comment dire ce que j'entrevois ? Dieu prenait les élans, les désirs, les aspirations mêmes de l'âme humaine pour en faire les pierres vivantes de son édifice. Il les élevait, tantôt à la dignité de sacrements, tantôt à la hauteur souveraine de dogmes. En sorte que pour trouver la lumière de ces dogmes, de ces mystères, dont quelques-uns semblent si étranges, l'homme n'a qu'à descendre dans son propre cœur. Et comme ce temple auguste ne devait pas être seulement humain, mais divin, il prenait en même temps ses désirs, à lui aussi, les besoins de son cœur, car il a un cœur, les aspirations de son âme infinie. Il les fondait avec ceux de l'âme humaine. Il les mêlait et les broyait sublimement ensemble. Il les coulait dans le même bronze ; en sorte que devant ces dogmes, ces mystères, ces sacrements, ces institutions où il y a de Dieu, où il y a de l'homme, où l'on sent l'âme humaine, où l'on sent plus que l'âme humaine, on s'arrête involontairement, pensif, ému... Si bien que ces dogmes qui sont proposés à notre foi, impossibles à contempler en Dieu, où ils nous éblouiraient, il suffit de rentrer en nous-mêmes pour les retrouver. »

On voit à quels côtés de la grande et complète méthode apologétique, immuable et qui ne changera pas, Mgr Bougaud s'est attaché de préférence. Au fond, c'est ce que de Maistre voulait dire quand il écrivait : « Il n'y a pas de dogme dans l'Église catholique, il n'y a pas même d'usage général appartenant à la haute discipline, qui n'ait ses racines dans les dernières profondeurs de la nature humaine... Le développement de cette proposition fournirait le sujet d'un ouvrage intéressant (1). » Voilà l'idée génératrice du livre *le Christianisme et les temps présents*.

Pour employer une telle méthode, il ne suffisait pas d'être métaphysicien, car il faut l'être, dans une certaine mesure au moins, pour traiter toute question philosophique, et M. Bougaud rencontrait les plus grandes questions philosophiques dans son volume sur la Religion et l'Irréligion ; ni d'être théologien, car il faut l'être aussi pour toucher à toute doctrine révélée, et M. Bougaud consacrait tout un volume aux *Dogmes chrétiens;* ni enfin d'être cri-

(1) *Du Pape.*

tique, et M. Bougaud a bien été forcé de l'être, principalement dans sa belle discussion des sources des Évangiles, au commencement de son volume sur Jésus-Christ; il fallait être encore et surtout psychologue et moraliste : or, c'est ce qu'était éminemment Mgr Bougaud. La connaissance, non pas seulement des hommes de son temps, mais de l'homme, du cœur humain, l'analyse délicate et profonde de tous ses sentiments, voilà en quoi il excellait : accoutumé, comme il l'a dit, « à jeter la sonde dans les âmes », il est un de ceux qui auront le plus pénétré dans ces replis mystérieux du cœur de l'homme : les choses de l'âme humaine, c'est ce qu'il démêlait si ingénieusement dans les œuvres d'art; c'est ce qu'il admirait chez les grands poètes qui ont su leur donner dans leurs vers une forme immortelle, comme par exemple Musset, dans ce cri :

Tu fais l'homme, ô douleur !...

Et c'est ce sens délicat qui lui a fait trouver dans son apologétique, sur la douleur, par exemple, puisque ce mot est venu sous notre plume, des pages qui ont remué profondément, et qui resteront parmi les plus belles de notre littérature contemporaine.

Ce que les théologiens appellent les préambules de la foi, c'est-à-dire les questions fondamentales sur la Religion; Jésus-Christ; les Dogmes chrétiens;

l'Église ; enfin la Vie chrétienne : telles sont les assises successives de ce monument que l'on voyait s'élever d'année en année avec un intérêt croissant, et dont on salua l'achèvement par un long cri d'admiration. Par cet ouvrage décidément M. l'abbé Bougaud montait au premier rang parmi les écrivains de l'Église.

Nous aimerions à prendre l'un après l'autre ces cinq volumes, pour en faire une étude approfondie, si nous ne craignions d'être entraîné trop au delà des bornes d'une simple Notice.

Quelques objections ont été faites, que nous ne voulons pas non plus discuter : Quoi qu'il en soit en effet de ces détails, ce qui est incontestable, c'est que cet ouvrage n'apporte pas seulement la lumière et la conviction dans les esprits : il émeut et il entraîne les cœurs, et il prouve ainsi deux fois la religion. Et ce serait une erreur profonde, parce que l'auteur a écarté systématiquement certaines discussions épineuses et abstruses, de n'en louer que les beautés littéraires et l'éloquence : ses démonstrations sont des démonstrations. Toutefois, en simplifiant ainsi l'apologétique, Mgr Bougaud n'a pas pu supprimer les questions qu'il écarte : et bien qu'il ait raison de conduire à la religion par la voie la plus courte et la plus droite, et quelque âpreté aussi que présentent ces routes dans lesquelles il n'a pas cru nécessaire de s'engager, « la forêt des prophéties, la forêt des miracles, la forêt de l'inspiration, » force est bien aux défenseurs contemporains de la religion, exégètes, critiques, philologues, de suivre l'incrédulité sur tous les terrains où elle porte l'attaque. Mais si le bel ouvrage *le Christianisme et les temps présents* ne répond pas à tout, il n'en reste pas moins un grand livre. Et ces jours-ci encore, nous le voyions entre les mains d'un ancien premier Président qui fut, dans son temps, un grand magistrat, et qui, parvenu à ce sommet de l'âge où l'on juge de plus près et mieux les choses éphémères et les choses éternelles, trouvait, nous disait-il, dans cette lecture, pleine lumière, entière sécurité, solide consolation.

Toujours la vue fixée sur l'Église, et tourmenté de ses périls, et répondant aussi à une préoccupation constante de son évêque, car deux fois déjà Mgr Dupanloup avait publié d'éloquentes lettres pastorales sur cette question, M. l'abbé Bougaud reprit, pour le traiter à fond, comme il aimait à faire en tout, ce douloureux sujet : la rareté des vocations, la difficulté croissante du recrutement du clergé; et il intitula hardiment cet écrit : *Le grand péril de l'Église de France au XIXe siècle.* Ce sujet, en effet, l'amenait à étudier tout l'ensemble de notre situation religieuse. Les révélations qu'il avait à faire étaient tristes : il les fit avec courage et éloquence, appuyé sur des documents nombreux et certains; la sensation que produisit cette brochure fut profonde. Elle parut en 1878.

V

En faisant l'historique des écrits de M. l'abbé Bougaud, nous avons fait d'une certaine façon celui de ses prédications : car il avait l'excellente coutume de prêcher d'abord ses livres, afin de mieux mesurer l'effet produit sur les âmes. C'est ainsi que l'Introduction à *Sainte Monique*, nous l'avons rappelé, retentit plus d'une fois dans la chaire, et que les différents volumes du grand ouvrage apologétique firent chacun le sujet d'une de ses stations de carême : car Mgr Dupanloup lui laissait complète la liberté de sa parole. Mais c'est aussi pourquoi il reste si peu de choses dans ses manuscrits de tous ces sermons.

Sa première station à Paris, après son arrivée à Orléans, fut un carême à Saint-Jacques-du-Haut-Pas. On en parla peu; malgré *Sainte Chantal* parue déjà depuis deux ans, son nom n'était pas parvenu encore à la grande notoriété qu'il allait bientôt conquérir.

A Orléans, où il prêcha ensuite le carême, devant un auditoire accoutumé aux grands accents de Mgr Dupanloup, son talent d'orateur se révéla avec éclat : et telle fut l'impression produite que, le lendemain du jour de Pâques, une députation de catholiques orléanais venait chez lui le féliciter. Sa réponse, nous étions-là, nous les conduisions, fut exquise.

Quand il reparut, l'année d'après, à Paris, à Saint-Thomas-d'Aquin, sur l'invitation du curé, M. l'abbé Debeauvais, intime ami de Mgr Dupanloup, *Sainte Chantal* était alors dans toutes les mains; tout de suite il fut remarqué et placé, c'était justice, au premier rang; et c'est avec cette auréole qu'il monta ensuite dans les plus grandes chaires de la capitale : à Saint-Sulpice, à la Madeleine, à Sainte-Clotilde. Bientôt les évêques de nos diocèses de province l'appelèrent aussi, et les mêmes succès le suivirent à Nantes, à Nancy, à Lyon, à Rouen. A Nantes, on accourait de toute la Bretagne. A Nancy, il eut le bonheur de pouvoir, avec la prudente et puissante coopération de l'évêque, Mgr Foulon, fonder pour la semaine sainte une de ces retraites d'hommes comme il en existait à Paris et à Orléans, et dont le spectacle est si beau et les résultats si consolants. Sa pensée était qu'il serait possible de les établir dans la plupart de nos grandes villes. La station de Lyon fut peut-être plus remarquée encore : jamais, depuis le P. Lacordaire, on n'avait vu pareil enthousiasme. Mgr Lavigerie essaya plusieurs fois de l'attirer dans la patrie de saint Augustin et de sainte Monique : sa santé l'obligea toujours à se récuser. Mais Rome, en plein concile, l'entendit, et les échos de Saint-Louis-des-Français gardent encore le souvenir de ses ardentes paroles. Quelle émotion il fit courir dans cet auditoire le jour où, immédiatement averti par nous, quelques minutes avant de monter en chaire, de la mort de M. de Montalembert, dont la nouvelle inattendue venait de nous être apportée par le télégraphe à la villa Grazioli, il annonça inopinément cette foudroyante nouvelle au début de son discours, en termes dignes assurément du plus grand catholique de ce temps-ci!

Plus d'une fois aussi nos solennités orléanaises le réclamèrent : il prêcha (8 mai 1865) un des plus beaux panégyriques, sans contredit, de Jeanne d'Arc que Sainte-Croix ait entendus.

L'année suivante (10, 11, 12 mai 1866), à la Visitation d'Orléans, car il fut à Orléans comme à Dijon, sans en être pourtant le supérieur, un grand ami de la Visitation, dans un *Triduum*, qu'il sut faire splendide, il émerveilla par trois discours superbes sur le Sacré-Cœur : la *Vie* de la bienheureuse Marguerite-Marie était en germe dans ces discours.

Vinrent les grandes fêtes du deuxième centenaire de sainte Chantal à Annecy (21 août 1867) : il en fut l'orateur et y prononça un panégyrique, magnifique résumé de ses deux beaux volumes. Dans tous ces discours, le nom de la France, mêlé à celui de l'Église, retentit à chaque page. Aspect nouveau de son talent, dans ce discours sur l'*Agriculture et la France* (9 mai 1868) aux fêtes du concours régional agricole : avec quelle gracieuse et riche poésie il y célèbre les harmonies de la nature avec le cœur de l'homme, et les harmonies plus tendres, plus profondes, plus mystérieuses encore, entre les nations et le sol qui doit les porter et les nourrir! Puis, autre aspect encore de son talent, un discours académique, en quittant le fauteuil de la présidence de cette Académie de Sainte-Croix fondée par le grand évêque : *Orléans et le caractère orléanais* (14 janvier 1869). Il était devenu orléanais ; toutefois sans cesser d'être dijonais ; car voici du patriotisme dijonais le plus vibrant accent, ce discours prononcé à Dijon dans une vieille église nouvellement rendue au culte : le *Discours pour la bénédiction des cloches de Saint-Jean* (8 juin 1870).

Mais voici la guerre et ses lamentables suites. Rien ne fait mieux jaillir la vraie éloquence que les grandes commotions : sa parole va monter à des élévations plus hautes encore, et trouver des accents encore plus beaux. La guerre, oh qu'il en souffrit dans son âme française! Nous en pouvons rendre témoignage, nous qui avons partagé jour par jour ses émotions ; qui, avec lui, prêtions l'oreille au canon de nos batailles, ou en parcourions les tristes champs ! Au début, il ne voulait pas croire à nos revers. « Qu'allons-nous avoir, écrivait-il? L'invasion? la Révolution? Pour moi, je n'attends ni l'une ni l'autre. J'ai foi en Dieu et au génie de la France. Dieu ne nous abandonnera pas. Encore quelques jours et l'orage qui nous menace sera dissipé. » Et à nos étonnements au sujet des inexplicables mouvements de Bazaine devant Metz, il répondait par une obstinée confiance. Hélas!... Plus d'une fois donc après l'horrible guerre, il dut se faire l'interprète du patriotisme orléanais, et il trouva pour dire les gloires, les douleurs, les devoirs, les espérances de la patrie, des accents qui ne peuvent vibrer que dans une grande âme.

Ce fut d'abord (18 juin 1873) l'allocution sur *le Pardon de la France*, prononcé au moment du départ pour Paray-le-Monial des pèlerins orléanais. Puis le *discours prononcé au service solennel pour les victimes de la dernière guerre, sur les Expiations de la France* (16 octobre 1873).

Dans le discours qui suivit, au *pèlerinage national de Cléry* (9 août 1874), grandes leçons et grandes espérances aussi données à la France, royaume de Marie : *Regnum Galliæ, regnum Mariæ.* Puis (7 mai 1876) nouveau discours, plus patriotique encore que le premier, la France depuis avait tant souffert ! sur l'*Agriculture*, en présence du Président de la République lui-même, le maréchal de Mac-Mahon. Nouveau discours patriotique (24 novembre 1870) à la bénédiction de la chapelle funéraire des soldats tués à Ladon.

A la mort de l'évêque d'Orléans, c'est lui qui fut délégué à Lacombe pour ramener son corps ; et c'est lui aussi qui, à défaut d'une oraison funèbre, Mgr Dupanloup n'en avait pas voulu, eut l'honneur de prononcer, en face de cet évêque couché dans son cercueil, et devant cet auditoire qui représentait, on peut le dire, la France, les belles, graves et touchantes paroles, que nous avons publiées ailleurs : quel silence, quelle attention, quelle émotion! C'est pour nous inoubliable.

En combien d'autres occasions encore il dut faire entendre sa parole! Par exemple, à Briare, sur la tombe de ce grand homme de bien, M. Bapterosses; ou dans des cérémonies religieuses, telles que bénédictions de cloches, installations de curés, où sa parole savait trouver toutes les délicatesses et toutes les élévations nécessaires; ou encore et surtout dans ces nombreux sermons de charité obtenus de son zèle.

Nous sommes de ceux qui ont vivement désiré qu'on recueillît ces discours si difficiles maintenant à rassembler, et il faut remercier l'amitié fraternelle qui a su comprendre qu'on ne pouvait nous les refuser.

Riche recueil, en vérité, et magnifique carrière oratoire. En Mgr Bougaud, on peut le dire, l'orateur égalait l'écrivain. Il avait encore à apprendre, quant à l'art de dire, lorsqu'il arriva à Orléans. Sa voix, pleine et forte, manquait, dans les intonations, de variété, et son geste, un peu brusque, de souplesse; à l'école de celui qui était dans cet art un si grand maître, ces imperfections promptement disparurent, et la beauté des choses qu'il disait les eût fait d'ailleurs oublier. Ces choses, il aimait à les prendre haut, à remonter aux principes, et, comme il disait, « aux sommets, où sont les sources; » et il les faisait passer par son cœur, d'où elles sortaient enflammées. Un jour qu'un orateur, fort disert, parlait devant lui, se penchant vers nous, il nous dit : « C'est beau, mais froid. Qu'il y a peu d'hommes qui mettent leur âme dans leur parole ! » Lui, il était de ceux-là. Il citait un jour en chaire le cri de Mirabeau à Barnave : « Barnave, il n'y a pas de divinité en toi ! » Il avait, lui, quelque chose de ce *mens divinior* qui fait l'orateur.

On a décrit ainsi, avec vérité, sa manière :

« En chaire, sa manière est ouverte et sympathique. Son attitude est simple, digne avec de l'abandon, son geste noble et énergique, le timbre puissant de sa voix remplit facilement les plus vastes vaisseaux. Son visage s'éclaire vite de la flamme intérieure, l'émotion le gagne rapidement et l'enhardit. L'on sent la généreuse confiance de l'homme qui porte en lui la vérité et est impatient de la répandre. Dès les premières paroles, l'orateur entre dans son sujet : il le pose nettement, largement, avec une simplicité qui n'est pas sans grandeur, quoiqu'elle ne laisse rien soupçonner d'abord des profondeurs qu'elle cache, et des rares magnificences qui vont jaillir de ces profondeurs. Puis les trois ou quatre mots dans lesquels l'orateur a résumé sa pensée, il les reprend un à un, il les féconde et les développe avec une ampleur singulière, et avec cette liberté d'une conviction profonde qui autorise toutes les libertés de la parole. Jamais il ne recule ni devant sa pensée, si hardie qu'elle puisse paraître, ni devant son expression, si familière qu'elle lui monte aux lèvres. On sent qu'il vient du pays de Bossuet, l'homme des témérités héroïques et des familiarités sublimes. Comme il ne lui faut qu'un mot pour entraîner à sa suite les plus fières intelligences, il ne lui faut aussi qu'un mot pour se rapprocher des plus humbles et les ravir. Assuré que la charité saura bien trouver le chemin des esprits si elle s'ouvre la porte des cœurs, il s'efforce surtout de les persuader et de les remuer, et il y arrive aisément, car il leur parle avec le sien et il y a comme un battement de cœur sous chacune de ses paroles. Souvent l'émotion l'entraîne lui-même. On dirait que son âme déborde d'adoration et d'amour. Il s'enivre pour ainsi dire de la sève féconde qui découle de l'arbre sacré de la croix, et dans les vibrations troublées de sa voix se trahit l'extase intérieure qui le domine. Ses accents alors sont irrésistibles. Enfin, qu'on nous permette de le dire, Mgr Bougaud est de son temps, bien de son temps; et chez un orateur, chez un écrivain, dont la mission est de conquérir les âmes, si ce n'est pas la première des qualité, c'est la première des séductions. On n'agit sur son temps qu'à la condition d'en être soi-même, de parler sa langue, de comprendre ses passions, ses aspirations, les unes pour les combattre dans ce qu'elles ont de pervers, les autres pour les diriger dans ce qu'elles ont de pur et de généreux. Or, Mgr Bougaud les comprend. Il n'a pas borné ses études à ce fond éternel de l'âme humaine qu'il connaît bien pourtant; il en a exploré cette région mobile et passionnée qui change avec les siècles, les milieux, les événements. Son oreille a été attentive aux bruits de ses contemporains, et quand il parle de leurs joies, de leurs douleurs, de leurs rêves, l'on sent qu'il en a écouté le gémissement et le cri, et que l'écho en est impérissable dans son souvenir. Il a contemplé, il a entendu l'âme vivante de son siècle et de son pays (1). »

En résumé, Mgr Bougaud, on le voit, fut, comme écrivain et orateur, un des hommes éminents du clergé contemporain. L'honneur et la force d'un homme, ce sont ses causes. Il appartenait à ce groupe glorieux, ne disons pas école, ce mot semble trop effacer les nuances, d'idées et de doctrines, et trop mêler les personnalités, dont faisaient partie les Montalembert, les Lacordaire, les Ravignan, les Dupanloup, les Ozanam, les Falloux, les Cochin. Hommes à la fois antiques et modernes; ne séparant pas dans leur cœur l'amour de l'Église de l'amour de la patrie; passionnés pour tout ce que leur temps avait de grand et de généreux; et ayant voué leur vie à cette magnifique cause: dissiper les erreurs de ce siècle, ses préjugés à l'endroit du christianisme, et, non pas réconcilier avec lui l'Église, qui n'est pas brouillée avec lui, mais le réconcilier, lui, avec l'Église. Pour sa part Mgr Bougaud, par sa parole et ses écrits, qui resteront, aura été un de ceux qui auront le plus et le mieux servi

(1) *Mgr Bougaud, évêque de Laval*, p. 14.

cette cause pour laquelle ont battu tant de nobles cœurs. Et comme elle se rattache à tout, les plus grands horizons lui étaient ouverts; sur tous les hauts sommets se tenait habituellement sa pensée; là était le foyer de ses inspirations.

Trois forces constituaient son talent et ont fait son influence.

La première, c'était son âme et son cœur. Il sera éternellement vrai de le dire : *Pectus est quod disertos facit*. Tous les grands amours étaient en lui; ceux du ciel et ceux de la terre; Dieu, l'Église, les âmes: nous avons dit à quel degré, ayant eu pour éducateurs des hommes tels que l'abbé Pitra et l'abbé Renaudet, et définitivement trempé à Saint-Sulpice, il avait le sens sacerdotal : qu'on lise d'ailleurs son panégyrique de saint Charles Borromée! le vrai, le beau, le bien; la justice, l'honneur, la délicatesse; l'art, la science, la poésie; tous les progrès de l'homme, toutes ses luttes, tous ses labeurs, toutes ses souffrances; les joies et les larmes des choses; la patrie, la famille, l'amitié; les beautés de la nature comme celles de l'âme; tout cela trouvait en lui un écho, tendre, délicat, profond, qui se répercutait dans sa parole et ses écrits.

Quel accent de piété filiale, venu, on le sent, des profondeurs de son âme, que cette belle dédicace de la *Vie de la Bienheureuse Marguerite-Marie!* Il venait de perdre sa mère; il déposait en quelque sorte ce livre sur sa tombe :

A la mémoire
De ma mère
Sur les genoux de laquelle
Enfant
J'ai appris à connaître, à aimer, à adorer
Le Sacré-Cœur de Jésus

Trois mois avant sa mort
Le 23 juin 1873
A mon retour de Paray
Elle me suppliait de reprendre ce travail
Commencé autrefois à sa demande
Interrompu depuis
Repris aussitôt et presque achevé
Au milieu des premières anxiétés de sa maladie

Je le dépose aujourd'hui
Sur sa tombe
Comme un dernier hommage
A ce cœur incomparable
Auquel je dois tout

Qu'on nous permette aussi d'insister, parce que ce fut une autre grande part de son talent, sur le côté poétique de son âme. Que de fois, sur les bords de la Loire, devant ces splendides couchers de soleil que nous avions, s'est-il écrié, en nous les montrant : « Vraiment Dieu est un grand artiste ! Quel peintre pourrait imaginer de pareils tableaux ! » « Qu'aimez-vous mieux, nous demandait-il, un jour que, seul avec lui sur la terrasse de la Chapelle, nous jouissions d'une de ces délicieuses soirées d'automne : Le matin ou le soir ? Pour moi, poursuivit-il, je préfère le soir. Le matin est gai, vif, brillant : il nous enivre, mais nous jette un peu vers le dehors. Le soir nous ramène en nous-mêmes, et nous fait plus rêver... Sa paix, sa mélancolie, sont plus pénétrantes... Tenez, ne sentez-vous pas, en ce moment, monter de toutes choses comme un silence qui ravit ?...

Voici de lui d'autres paroles :

« Enfant des villes, je ne connais de la campagne que ses jouissances, son recueillement, ses parfums et ses rêves. Je ne l'ai vue un peu intimement qu'à ces heures où la pensée nous pousse à fuir le bruit de la foule, le regard des multitudes; à nous isoler au milieu de la campagne, au bord de quelque fleuve, sous l'ombre de quelques vieux arbres, pour y chercher, loin des hommes et près de Dieu, une parole qui soit digne de lui et digne d'eux; ou bien encore à ces heures où, épuisés de la parole et de la pensée, nous éprouvons le besoin de nous en aller aux champs, aux montagnes, au bord des lacs, sur les hautes falaises de la mer, pour nous reposer, nous calmer, reprendre des forces et y chercher Dieu encore. Car Dieu, qui est la vie des âmes, en est aussi le repos.

« Ce sont ces harmonies de la nature et de notre cœur, cette amitié réciproque entre l'homme et la terre, cette présence plus sentie de Dieu à travers les ombrages, les fleurs, les fruits, les gazons, les arbres, qui ont de tout temps poussé les hommes, même ceux qui paraissaient le plus éloignés d'elle, au spectacle, à la contemplation et à l'amour de la nature ; qui conduisaient Homère le long des rivages de l'Ionie, David aux sommets profonds du Carmel, Horace à Tibur, Cicéron à Tusculum ou sous les orangers de Gaète, saint Augustin à Cassiacum, saint Bernard aux grandes forêts de Cîteaux, Mme de Sévigné dans le triste et doux vallon de Bourbilly, Bossuet au fond de son petit jardin de Germiny planté de quelques marronniers et arrosé d'un filet d'eau ; car la nature est ainsi faite, que, soit qu'elle nous convie à ses scènes les plus splendides, sur les plateaux majestueux des Alpes ou sur les pics brillants des Pyrénées, soit qu'elle se présente à nous sous la forme d'un petit jardin, avec quelques allées étroites, bordées de buis, ornées d'œillets, odorantes de giroflées et de résédas, bourdonnantes d'abeilles, toujours elle nous parle à l'âme. Et je ne sais même pas si sous cette dernière forme son langage n'est pas plus intime encore, plus pénétrant et plus tendre.

« Oh ! oui, la nature parle tendrement au cœur de l'homme, surtout celle que nous avons touchée de nos mains, où nous avons planté nos fleurs, greffé nos fruits, sablé nos allées, émondé nos arbres. Et à de certains jours son langage est si profond qu'involontairement nous nous écrions avec le poète :

Objets inanimés, avez-vous donc une âme
Qui s'attache à notre âme et la force d'aimer (1) ? »

Au fond, qu'est-ce que la poésie dans les choses ?

(1) Discours sur l'Agriculture et la France.

Le reflet de Dieu sur elles. Et qu'est-ce que la poésie dans les âmes? Le don de sentir dans les choses le reflet divin. Voilà comment Mgr Bougaud était poëte.

Sa seconde force, c'était une puissance de méditation, rare, et qui n'avait pas échappé à Mgr Dupanloup : l'attitude profondément pensive de son vicaire général, près de lui, à son trône, pendant nos offices, le frappait, et il nous en fit plus d'une fois la remarque. Quand il avait pris en main la plume, il écrivait, avec ardeur; mais de longues et profondes réflexions avaient précédé; profondes, car rien de superficiel ne l'eût pu satisfaire; idée ou sentiment, il fallait qu'il allât, autant que possible, au fond de tout. A la fois penseur et analyste, il embrassait les ensembles par de grandes vues, et aussi les plus délicats détails par une pénétrante attention.

La troisième force enfin de Mgr Bougaud, c'était son goût littéraire, son sens d'artiste : et nous n'entendons pas seulement ici ce don de comprendre avec élévation et délicatesse les œuvres d'art, dont nous avons parlé, mais ce culte de la forme, cet amour passionné du mieux, qui n'était pas chez lui, ainsi que nous l'avons dit ailleurs, une vaine préoccupation d'écrivain, mais un instinct supérieur de prêtre et d'apôtre : les choses mal écrites non seulement ne vivant pas, mais ne saisissant pas les âmes, et manquant ainsi deux fois leur but. Il n'était donc pas de ces heureux hommes qui trouvent du premier coup la meilleure expression de leur pensée; lui, et c'était avec Mgr Dupanloup une analogie de plus, il la cherchait; corrigeait, corrigeait encore; avec un sentiment exquis des plus fines nuances. Aussi, quand un critique sérieux et sagace voudra se donner la peine, ou plutôt le plaisir, d'étudier de près ce style, où tous peuvent trouver à admirer, lui, il y fera des découvertes. Si donc cet écrivain était difficile à contenter, et s'il était, et il l'était, un critique un peu sévère, il en avait le droit, comme nous le faisait observer un jour quelqu'un, M. Cochin.

Sa méthode de travail était celle-ci: Il y consacrait, le matin, de huit heures à midi, sans désemparer. Mais les loisirs de l'après-midi, ceux que lui laissaient les relations et les affaires, étaient donnés, non à la composition mais à la méditation. Le mouvement même de la marche favorisait celui de sa pensée. Qu'il a travaillé ainsi dans cette grande salle synodale de l'évêché, voisine de la chambr qu'il occupait! Et quand on le voyait passer seul, sur les bords de la Loire, savait-on qu'il se promenait moins qu'il ne méditait? Souvent aussi on eût pu l'apercevoir s'arrêter tout à coup, et un rapide crayon fixait l'éclair de sa pensée. Tous ses livres, du moins le premier jet, ont été écrits au crayon.

VI

Nous avons beaucoup parlé de l'orateur et de l'écrivain, mais pas assez peut-être du prêtre, et de l'homme, car dans le prêtre l'homme toujours se retrouve. Prêtre, Mgr Bougaud l'a été à un haut degré. Il a beaucoup agi sur les âmes. Sa clientèle à Orléans fut vite formée ; et ses prédications et ses écrits lui en attirèrent de partout. Et celles dont il a eu la confiance pourraient seules dire à quel degré il se mettait à leur service. Quand il prêchait ses carêmes à Paris, il ne manquait pas de revenir, chaque samedi, à Orléans, pour ne les pas laisser en souffrance. Ses lettres, si on en pouvait recueillir le trésor, apporteraient sur ce point bien des révélations.

Il écrivait à une jeune fille :

« Ne vous troublez pas si vous n'avez pas cet amour de Dieu, ce sentiment de Dieu aussi vif que vous le voudriez. On n'aime pas Dieu comme on aime les créatures. C'est bien rare que Dieu émeuve le fond sensible de notre être où la moindre affection humaine pénètre si vite. L'amour de Dieu est plus haut, plus pur, en apparence plus froid, en réalité plus profond ; car il survit à tout et console de tout. La volonté en est le siège, et l'accomplissement du devoir en est le signe. Courage, chère enfant ; ne laissez pas les sacrements, et n'ayez pas trop peur de la sainte communion. Soyez fidèle aussi à la prière, et faites de fréquentes élévations de votre cœur à Dieu pendant la journée. »

Il encourageait ainsi la même jeune fille qui venait de fixer sa vie :

« Je suis plein de joie et d'espérance à votre endroit. Vous avez agi en vraie fille chrétienne; écoutant vos parents, cherchant la sainte volonté de Dieu; vous en serez bénie, soyez-en sûre.

« Maintenant, j'ai bien envie de vous voir. J'écris à votre maman que le mieux c'est que vous veniez à Orléans. Là nous reverrons votre âme en paix. Là nous méditerons ensemble sur les graves devoirs que vous allez contracter, et sur les moyens à prendre pour répondre à la grandeur de votre vocation. Car, voyez-vous, il faut que vous deveniez toute bonne, toute dévouée, pleine de cœur, de générosité, de sincère oubli de vous-même. Désormais vous ne serez plus seule, et les vertus qui suffisaient à votre âme de jeune fille ne vous suffiront plus. Il faut agrandir votre cœur, et pour cela il faut le bien tourner du côté de Dieu... »

A cette même jeune femme, quand elle eut ses premières espérances de maternité :

« Ce petit enfant vous sera une douce compagnie. Et puis vous l'élèverez bien; vous nous en ferez un charmant petit chrétien. Et déjà, chère enfant, commencez à le bien élever. Insufflez-lui votre âme, votre cœur, votre conscience. Tâchez, comme il est dit des saintes qui ont eu le bonheur d'être mères, tâchez de n'avoir que des sentiments élevés, de grandes pensées chrétiennes, un vrai amour de Dieu, pour les lui communiquer. »

Voici à la même d'autres conseils :

« Je suis heureux de vous voir, avec votre mari, vous rapprocher de votre bonne et excellente famille qui vous aime tant. Vous savez ce que je vous ai dit : Votre mari d'abord ; ne le quittez pas, aimez-le, excusez-le, c'est votre premier devoir. Mais ensuite faites tout au monde pour maintenir la paix, l'union, l'harmonie, entre vos deux familles. Qu'elles ne se séparent pas ; que, s'il y a quelques nuages, le monde les ignore. Que les cœurs surtout ne s'aigrissent pas. Il n'y aura jamais assez d'affection autour de vous et sur le berceau de votre enfant. »

A la même, encore plus tard, après lui avoir parlé de son mari et de ses enfants :

« Voilà ce que le bon Dieu vous a donné. Que peut-il manquer quand on a tout cela? Et cependant il manque quelque chose. Quoi? On n'en sait rien ; on ne peut ni le nommer, ni le définir, mais on le sent. Il manque quelque chose. On cherche, on a tant besoin de bonheur. Et ce qu'on a est si peu à côté de ce qu'on rêve ! On en devient injuste quelquefois, et pour ce qu'on a, et pour le bon Dieu qui l'a donné !

« Chère enfant, vous vivrez longtemps encore... » Hélas non ; elle n'est plus !.. « Vous aurez bien des joies encore, bien des beaux jours. Vous ne trouverez jamais ce que vous rêvez. Vous n'arriverez jamais à rassasier votre cœur. Le cœur est infini. Toutes les choses de la terre ne parviennent pas à le combler. Dieu l'a voulu ainsi, savez-vous pourquoi ? Afin que par vide, par indigence, par le tourment d'un cœur irrassasié et irrassasiable, nous éprouvions le besoin de lever les yeux vers lui.

« Cela se termine toujours ainsi, mais pas de la même manière. Il y en a qui prennent tout de suite leur parti, et qui, éclairés par la foi, cherchent en Dieu ce qu'ils savent qu'ils ne trouveront jamais sur la terre. Il y en a d'autres qui veulent essayer qui ne se laissent convaincre ni par la foi ni par l'espérance des autres; qui veulent voir. Ceux-là s'en vont de déceptions en déceptions, et reviennent plus tard, mais meurtris, douloureusement brisés.

« Chère enfant, ne soyez pas de ceux-là. Prenez la vie comme un devoir, non comme un bonheur, et persuadez-vous bien que le bonheur viendra, mais un jour, plus tard, dans le ciel, comme la récompense du devoir. »

Ces fragments suffisent à faire entrevoir ce que nous ne pouvons ici qu'indiquer, le caractère de sa direction.

Quel ami dévoué, il était ! Nous l'avons vu partir tout à coup, et aller au loin, pour bénir une union, prendre part à une joie; surtout pour consoler une douleur et sécher une larme. « Il avait si bien parlé, si profondément écrit de la douleur, qu'elle venait naturellement à lui, à ses heures les plus désespérées. Je sais telle page écrite dans l'ombre pour quelques-unes de ces âmes solitaires et délaissées, telle exhortation prononcée tout bas à l'oreille d'un mourant, aussi belle et plus touchante encore que les accents de sa grande éloquence (1). »

Nous avons pu recueillir quelques-unes des choses qu'il disait alors. A une jeune fille qui venait de perdre une sœur, il écrivait :

« Je savais votre pauvre chère sœur bien malade ; je l'avais entrevue à son dernier passage à Orléans, et j'avais remarqué sur sa douce et aimable physionomie les traces du mal ; mais j'étais loin de me douter d'une catastrophe aussi prochaine. Hélas ! ma chère enfant, je ne la plains pas, elle ! Elle est bien heureuse ; elle échappe à bien des misères, à bien des tristesses, et, bonne comme elle était, pieuse, résignée, innocente, son sort n'est pas à plaindre. C'est une petite fleur dont le bon Dieu a été jaloux et qu'il a cueillie dans toute sa fraîcheur.

« Mais ceux que je plains, auxquels je vous prie d'offrir l'assurance de mes plus tristes sympathies, c'est votre excellent père, c'est votre bonne mère. Voilà les vrais malheureux, que nous ne pouvons que plaindre, que Dieu seul peut consoler.

« Et vous aussi, ma chère enfant, je vous plains d'avoir perdu une bonne compagne, une amie si sûre. Elle vous manquera longtemps, elle vous

(1) Allocution pour la translation de son cœur, par M. l'abbé Chapon.

manquera toujours. Ou plutôt, non, mon enfant, elle ne vous manquera jamais. Du haut du ciel elle veillera sur vous. Elle vous assistera aux moments difficiles. Et quand vous sentirez le secours venir, la force descendre sur vous, vous sentirez bien que c'est elle qui vous les envoie. »

Celle à laquelle il adressait les conseils qu'on vient de lire ayant été visitée, avant de mourir, par la cruellé épreuve du veuvage, il lui écrit :

« Je reçois votre télégramme et mon cœur se brise à la pensée de votre douleur. Vous voilà donc veuve, à vingt-cinq ans? avec deux petits enfants, et un cœur comme le vôtre! Ce serait affreux, si Dieu n'était pas là. Depuis votre lettre reçue le lendemain de Noël, j'étais bien inquiet. Mais je ne croyais pas que les choses se précipiteraient ainsi. J'espérais, et je vous l'écrivais encore hier. Hélas! j'étais loin de m'attendre au télégramme de ce matin. Vous avez perdu un bon mari, qui vous aimait profondément, et auquel Dieu a demandé un grand sacrifice de vous quitter ainsi, vous et ces deux petites filles. Vivez pour elles; conservez-vous pour les élever afin qu'elles deviennent un jour votre consolation. Oh! chère enfant, ce malheur rend mon dévouement pour vous encore plus grand. Je prie bien pour vous. Dieu seul peut vous aider à porter une pareille croix. Je vous vois là-bas, sur cette terre d'Afrique, seule avec vos enfants, à une telle distance des vôtres. Et cela m'arrache de nouvelles larmes. Qu'allez-vous faire? Je m'inquiète, et si je le pouvais, j'irais vers vous. Tout se réunit pour que le fardeau soit plus lourd à vos jeunes épaules. Enfin, mon enfant, courage, confiance en Dieu. Offrez-lui votre douleur! Souvenez-vous qu'il est le père des veuves et des orphelins. Il ne vous abandonnera pas. »

Le voici maintenant dans des circonstances bien pénibles de sa vie de prêtre ; c'est à nous-même qu'il écrivait les lignes suivantes :

« Je me remets tout doucement de deux douloureuses émotions. La première est la mort de Mme P... Vous savez combien je lui étais dévoué. Et voilà que tout d'un coup, une nuit, à 1 heure du matin, M. A... (son médecin) vient m'éveiller et me dire : « Venez vite. Elle n'en a pas pour deux heures à vivre. » Elle ne se doutait de rien. Et en deux heures il m'a fallu la confesser, lui porter le bon Dieu, lui annoncer le péril et lui donner l'extrême-onction. Et quelle douceur de sa part! Pas un regret, pas un mot : un acquiescement parfait...

« J'étais auprès du lit de mort de Mme P..., lorsqu'on vint me chercher pour une autre mission : aller annoncer à la bonne petite Mme de Villers, dont j'avais béni le mariage il y a trois ans à Cherbourg, que son mari avait été tué au Tonkin. Quelles scènes, grand Dieu! Et que j'en ai souffert! » Aussi, quels accents il tira de son âme lorsque, la dépouille mortelle de ce jeune héros chrétien ayant été ramenée en France, il eut à parler sur sa tombe!

Il nous faudrait maintenant le montrer dans la

vie intime. Son accueil toujours si facile, l'aménité de son commerce, son spirituel enjouement, sa bonhomie mêlée de finesse, sa gaîté qui aimait à sourire sans blesser, cette simplicité qui savait si bien se mettre à la portée de tous, au niveau des plus humbles, à la hauteur des plus grands, le faisaient beaucoup rechercher. Il ne se donnait pas à la légère, mais de toute famille dont il croyait pouvoir accepter la bienveillance, il devenait bientôt l'ami. On a dit sur lui, sur ce qu'il était dans l'intimité, des choses très touchantes et très vraies, que nous voulons citer aussi :

« Ces ardentes contemplations et ces grands élans ne l'épuisaient pas ; il savait descendre de ces hauteurs et s'incliner avec bienveillance vers tous ceux qui venaient à lui. Nul ne se para moins du prestige que donnent la renommée et le talent. Ces dons éminents de l'esprit qui intimident toujours un peu, étaient tellement voilés en lui par la cordiale simplicité de son accueil, qu'il fallait un effort pour s'en souvenir. L'on était étonné parfois qu'un esprit habitué aux régions les plus élevées de la pensée descendît si facilement et de si bonne grâce aux entretiens les plus familiers, et s'intéressât aux plus humbles détails. Si petit que l'on fût, l'on se sentait relevé jusqu'à lui par cette condescendance d'autant plus aimable qu'elle s'ignorait elle-même.

« Oui, il était bon, il l'était dans le grand sens de ce mot aujourd'hui trop souvent amoindri et profané. L'exercice même de l'autorité, avec ses nécessaires rigueurs, n'altéra point en lui cette bonté, et après avoir partagé durant vingt-cinq années le gouvernement de ce diocèse, il nous a quittés, sans laisser à personne un souvenir amer.

« Il aimait les prêtres, et quand, au cours de ses visites archidiaconales, il venait s'asseoir à l'humble presbytère, il y portait toute cette cordiale, et, le dirai-je, cette fraternelle simplicité. Il ne parlait du curé de campagne qu'avec une respectueuse sympathie. Combien de fois ne l'ai-je pas entendu s'attendrir à la pensée de ses épreuves, de sa solitude, de ses efforts courageux et patients, et aussi de tout le mal qu'il empêche et de tout le bien qu'il fait, même quand, par le malheur des temps et la froideur des âmes, son ministère paraît frappé de stérilité. « Sans lui, disait-il, plus de la moitié de la « France serait païenne et socialiste, depuis cin- « quante ans (1). »

VII

Achevons sa biographie.

A la grande époque du Concile, il y eut entre M. l'abbé Bougaud et l'évêque d'Orléans un dissentiment. Le vicaire général ne fut pas de ceux qui approuvèrent la publication des *Observations*. Il la déconseilla même vivement. Combien fut grande

(1) Allocution pour la translation de son cœur.

son émotion, après en avoir lu et annoté les épreuves! Il vint nous trouver à notre chambre. Notre émotion n'était pas moindre. Nous marchions à grands pas. « Il brûle ses vaisseaux, nous disait-il, effrayé. » Nous répondîmes : « Vous voyez combien il a hésité : mais il est si convaincu! — C'est vrai; avec un désintéressement superbe il s'immole à ses convictions. C'est bien beau au temps où nous sommes : mais le comprendra-t-on? »

Il ne partageait pas, ou passait par-dessus les craintes qui impressionnaient tant Mgr Dupanloup, et il croyait la question mûre pour une définition. Il a du reste exposé ses vues sur ce sujet dans le IVe volume de son *Christianisme*. A Rome, pendant le Concile, peut-être n'observa-t-il pas dans son attitude la neutralité autant que son évêque l'eût souhaité. Leurs rapports néanmoins restèrent exactement ce qu'ils étaient.

En 1876, l'un des deux vicaires généraux titulaires, le regretté abbé Desbrosses, étant mort, Mgr Dupanloup n'hésita pas à nommer M. l'abbé Bougaud titulaire à sa place. Le successeur de Mgr Dupanloup, si délicat envers tous les auxiliaires de celui-ci, se garda bien de se priver du concours de M. Bougaud; et même à la mort de Mgr Rabotin, il le nomma premier vicaire général.

On voit quelle était sa position à Orléans : grande par le respect, par l'influence. Quelque temps après la mort de Mgr Dupanloup, il avait quitté l'évêché pour se retirer chez lui, touché déjà par une profonde fatigue de sa santé. Dans sa solitude paisible, il poursuivait ses grands travaux, l'achèvement du *Christianisme* et une *Vie de saint Vincent de Paul*, que depuis longtemps il méditait. Il avait songé à une vie de saint Louis ; il y renonça pour celle de saint Vincent de Paul, estimant que la vie de ce saint répondait mieux aux besoins des temps présents. Il ne put, hélas! la publier. Lorsque, à Laval, le jour de ses obsèques, on voulut bien nous faire l'honneur de nous confier cette tâche, nous ne pouvions savoir exactement à quoi nous nous engagions. Avec quelle émotion nous reçûmes ce manuscrit qui contenait, toutes chaudes encore, les dernières pages de notre ami : ses dernières grandes vues, les derniers battements de son cœur, les derniers cris de son âme! Mais en quel état allions-nous trouver l'ouvrage? O bonheur! il était achevé, et le manuscrit n'en était qu'une belle copie, revue et corrigée avec le dernier soin par l'auteur. Nous avons expliqué avec précision, dans la préface placée en tête de cet ouvrage, à quoi s'est borné notre travail.

Telles furent les occupations qui remplirent ses dernières années. Il vivait donc ainsi chez lui, un peu triste des vides qui s'étaient faits, souffrant aussi de corps depuis quelques années; laborieux, « tranquille, modeste, aimant à se faire oublier; près d'une sœur dont le dévouement le suivit et lui fut fidèle jusqu'à la dernière heure; visité à ces heureux moments par ce frère, par cette famille qui lui rendait en filiale reconnaissance, une tendresse, un dévouement dont leurs larmes inconsolables nous redisent encore le prix.

« C'était là qu'à ses heures de loisir, vers le soir, il aimait à s'épancher dans l'intimité de quelques amis (1); » ceux surtout qui étaient restés le plus tendrement attachés à la mémoire de Mgr Dupanloup : le jeune prêtre auquel nous empruntons ces dernières lignes, et M. H. de Lacombe, en particulier, un fidèle entre les fidèles, en savent quelque chose.

C'est là que tout à coup les honneurs de l'épiscopat vinrent le chercher. Ses amis y pensèrent pour lui. C'était à leurs yeux comme une justice tardive, mais une justice, et la consécration de ses œuvres, et le couronnement de sa vie. Une rumeur se faisait autour d'Ambroise. « Ambroise, Ambroise, les enfants et les mères vous demandent pour évêque. » Chaque fois qu'un siège épiscopal était vacant ou qu'une désignation un peu inattendue surprenait le public, son nom était prononcé. Il était certain, du reste, pour tous ceux qui le connaissaient, que son épiscopat serait fécond; et quant aux oppositions, s'il s'en produisait, elles n'auraient pas de raison d'être, une telle nomination signifiant que les vieilles querelles ne devaient plus compter,

(1) Allocution pour la translation de son cœur.

et étant plutôt un signe heureux d'apaisement.

Peu de choix ont été salués avec plus d'enthousiasme. Pour la première fois alors il parut à la Nonciature; immédiatement chacun fut gagné. Mais lui : « C'est trop tard », nous dit-il avec tristesse, quand enfin, absent de Paris lorsqu'il y vint pour ses informations canoniques, et empêché à cause de cela de lui servir de témoin, comme il l'avait demandé, nous le rejoignîmes. « Non ; vous pouvez faire encore, grâce à Dieu, beaucoup pour l'Église. Cela va vous rajeunir. » Hélas ! les desseins de Dieu sont impénétrables.

Après sa nomination, il écrivit au Saint-Père une lettre, au jugement du Saint-Père lui-même très digne et sacerdotale, à laquelle Léon XIII répondit, à la date du 10 décembre, par un bref des plus affectueux. L'évêque nommé de Laval fit plus ; il voulut aller à Rome demander pour son futur épiscopat la bénédiction de Léon XIII, qui l'accueillit avec la plus paternelle bonté.

L'affection des Orléanais pour lui fut ingénieuse et délicate dans ses générosités (1). Un grand discours qu'il avait eu récemment l'occasion de faire, avait ranimé encore pour lui l'enthousiasme. On voulut que le sacre fût splendide. Depuis l'an 1724, la cathédrale de Sainte-Croix n'avait pas vu cérémonie de cette nature. Dix évêques étaient là ; outre l'évêque consécrateur, Mgr l'évêque d'Orléans, et

(1) On en peut lire le détail touchant dans la brochure *Mgr Bougaud, évêque de Laval.*

ses deux assistants, Mgr Lecot, évêque de Dijon, et Mgr Oury, évêque de Fréjus, étaient présents : Mgr Gonindard, coadjuteur de Rennes, Mgr Besson, évêque de Nîmes, Mgr Hugonin, évêque de Bayeux, Mgr Turinaz, évêque de Nancy, Mgr Lelong, évêque de Nevers, et Mgr Bouvier, récemment sacré évêque de Tarentaise. Tout Orléans était accouru. Tout le clergé du diocèse aussi, et beaucoup de prêtres étrangers, parmi lesquels des représentants des Dominicains, des Lazaristes, des Barnabites. Quatre estrades dressées, deux dans les bras de la croix, une autre au fond de la grande nef, une autre enfin dans le sanctuaire, celle-là pour le clergé, qui formait une magnifique couronne autour de l'autel de la consécration, agrandissaient encore l'immense basilique. La députation qui vint de Laval fut frappée de la place qu'il tenait dans la ville qu'il allait quitter. Mgr Besson, évêque de Nîmes, ajouta encore à l'éclat de la cérémonie par sa brillante éloquence.

Le lendemain, le nouvel évêque vint, avec l'évêque d'Orléans, et quelques-uns des prélats présents à son sacre, présider une délicieuse fête littéraire, donnée en son honneur par les élèves du petit séminaire de la Chapelle : il leur adressa, malgré sa fatigue, de charmantes et belles paroles, qui furent à Orléans, hélas ! ses dernières !

Son mandement de prise de possession répondit à ce qu'on attendait de son talent. Laval le reçut avec enthousiasme. Mais un accident douloureux assombrit les fêtes de sa réception; une chute terrible faillit coûter la vie à sa sœur bien-aimée, au moment même où lui bénissait la foule. Fâcheux présage. Laval ne fit, hélas! que l'entrevoir : c'en fut assez pour que tous les cœurs lui fussent gagnés. Il laissa tout pour ne plus s'occuper que de son diocèse. La première fois qu'il parla à ses diocésains : « Je viens, leur dit-il, vous apprendre à aimer votre patrie du ciel et votre patrie de la terre : l'Église et la France (1). » Mais il ne consulta pas assez ses forces. Quand, le 11 octobre, il reparut à Orléans, pour ce triomphe de Mgr Dupanloup, car c'en fut un véritablement que ce concours de trente-deux pontifes groupés autour du tombeau de l'illustre évêque, avec cette multitude qui rappelait, pour nous servir de l'expression de notre ami, ces funérailles « presque royales », sa fatigue nous frappa. C'est lui que nous tînmes à honneur d'assister. Il ne nous fut plus donné de le revoir.

Les visites de confirmation dans son diocèse avaient été une succession ininterrompue d'ovations, mais aussi de fatigues. La retraite ecclésiastique, pendant laquelle il se prodigua, y mit le comble. « Dans ses allocutions, que nous n'oublierons jamais, ont dit les vénérables Chanoines de la cathédrale, cette grande âme se versait pour ainsi dire dans nos âmes, et alors se faisait cette douce et heureuse fusion du cœur de l'évêque et du cœur

(1) *Semaine religieuse* de Laval, 10 novembre 1888.

de ses prêtres (1). » Ses premières mesures administratives avaient été fort approuvées; on aimait cette sage et prudente lenteur, et cet esprit de justice que dénotaient ses premiers choix, quand il s'agit soit de constituer son conseil épiscopal, soit de pourvoir à la cure vacante de sa cathédrale et à d'autres postes dans le diocèse. Ce fut à l'installation de M. l'abbé Hélie comme curé de sa cathédrale qu'il parla à Laval pour la dernière fois. Ses plans étaient mûris, ses idées arrêtées. Un excès de zèle l'emporta. Une ville de son diocèse l'attendait, Château-Gontier. Il s'agissait de lui conserver une école chrétienne. Il avait promis d'aller là : il tint parole. Et en vain on voulut l'arrêter... « Dussé-je y aller à genoux, disait-il, j'irai. — Mais il y va de votre vie. — Eh bien, que la volonté de Dieu soit faite; on me ramènera toujours bien à Laval, mort ou vivant. »

Il y alla donc, et acheva de s'y épuiser. On le fit trop parler. Il ne savait plus refuser. Il était, quand il rentra à Laval, le mercredi 31 octobre, au dernier degré de l'accablement. Cependant il voulut officier dans sa cathédrale aux belles fêtes de la Toussaint. C'était plus qu'il ne pouvait, et toutefois une faiblesse qui survint entre la messe et les vêpres ne put pas encore l'empêcher d'assister à ce dernier office. Mais le lendemain, sur l'ordre exprès du médecin, il lui fallut s'arrêter. Le médecin déjà ne

(1) *Mandement du Chapitre de Laval, le siège vacant.*

dissimulait pas qu'il n'y avait plus d'espérance.

Dans la lettre où ils demandaient pour lui les prières du diocèse, MM. les Vicaires généraux disaient : « Nous remplirons avec empressement ce devoir de piété filiale envers un évêque qui avait gagné tous les cœurs, et dont les qualités éminentes et les hautes vertus promettaient au diocèse un apostolat fécond pour la gloire de Dieu et pour les âmes. »

Un affaiblissement profond, résultat de la fatigue et de l'épuisement, sans éteindre en lui ni la connaissance ni le sentiment, lui rendait la parole très difficile. Il parla peu pendant les quelques jours qu'il vécut encore; mais son calme, sa douceur, sa complète possession de lui-même, sa piété, son acquiescement à tous les actes qu'on lui suggérait, son union à toutes les prières qu'on lui récitait, son regard ardent sur le crucifix, quand on le lui montrait, sur la sainte Eucharistie quand Notre-Seigneur le visita en présence de son clergé, son abandon touchant entre les mains de Dieu, sa confiance simple et filiale en ses miséricordes, sa foi, son espérance, son amour, tous ces beaux sentiments qui attestaient une âme sacerdotale toute à Dieu, en même temps que sa tendresse envers ceux des siens qui purent arriver à temps, édifièrent et émurent profondément ceux qui en furent témoins.

« Vingt fois lui furent suggérés l'acceptation, par un motif de pur amour, de la volonté divine, le sacrifice volontaire de sa vie, l'oblation de soi-même comme victime pour l'Église, l'union au *fiat* de Jésus dans son agonie, l'oblation de soi-même avec la victime de l'autel. Toujours, autant que sa faiblesse le lui a permis, le vénéré malade s'est uni de tout cœur à ces sentiments. *Ita Pater*, lui dit-on : Tout ce que vous voudrez, mon Dieu ! — Oui, toujours oui, répondit-il, avec un accent très touchant.

« On lui disait, dans la soirée du lundi, d'unir son sacrifice, l'anéantissement de son corps et de son âme, au sacrifice du Calvaire. Après un silence, il dit à haute voix, avec une sorte d'enthousiasme : « Ce sont des pensées sublimes, mais le monde ne comprend pas cela (1). »

Jusqu'au dernier moment, il édifia par cette paix, cette piété, cette douceur, cette résignation. Mais ce qui lui restait de vie s'écoulait goutte à goutte. Le 7 novembre, à 4 heures et demie du soir, après huit mois d'épiscopat, doucement, paisiblement, il rendait sa belle âme à Dieu. Il avait 65 ans. « C'était, dit le rédacteur de la *Semaine religieuse* de Laval, après le récit émouvant de ces derniers jours d'agonie, un homme de Dieu et un cœur vaillant. »

La désolation à Laval fut profonde ; la funeste nouvelle retentit douloureusement dans toute la France.

(1) *Semaine religieuse* de Laval.

Le Chapitre de l'église cathédrale se fit l'interprète de la douleur de tous. « Ah! il nous reste bien plus que son corps! disaient les vénérables Chanoines, dans leur lettre adressée au clergé et aux fidèles, le siège vacant. Outre les écrits par lesquels il parlera toujours, non seulement à l'Église de Laval, mais à toute l'Église, il nous reste sa mémoire, c'est-à-dire les beaux exemples d'une vie tout apostolique, du plus ardent amour pour Dieu, pour les âmes, du plus entier dévouement pour l'Église et son chef infaillible. C'était bien là toute son âme. »

De tous les points de la France, nos évêques, à cette nouvelle, envoyèrent à Laval des télégrammes désolés (1). Devant le lit funèbre où il fut exposé, le crucifix qu'il tenait de Mgr Dupanloup entre ses mains, toute la ville de Laval passa, respectueuse et consternée. Ses funérailles attestèrent mieux encore les universels et profonds regrets qu'il laissait.

Sa famille, dont la délicatesse, dans ce cruel deuil, n'oublia rien ni personne, eut une touchante inspiration : elle comprit que la Visitation, qui avait tenu tant de place dans sa vie, avait droit à quelque exceptionnel témoignage, et décida de lui confier ce qu'il y avait en lui de plus précieux, son cœur; un jeune prêtre, le jeune abbé de La Touanne, dont la famille avait été à Orléans une des plus aimées du regretté prélat, reçut, non sans beaucoup de larmes, la mission de porter ce cœur au monastère d'Or-

(1) *Semaine religieuse* de Laval.

léans. Quand fut achevé, par les soins pieux de son frère, le monument destiné à le recevoir définitivement (1), le 28 février 1889, une touchante cérémonie avait lieu dans l'humble chapelle: Mgr l'évêque d'Orléans lui-même officia, et devant un auditoire en larmes, un autre jeune prêtre que l'affection de Mgr Bougaud, après celle de Mgr Dupanloup, avait honoré spécialement, M. l'abbé Chapon, aumônier de la Visitation, interpréta les pensées de tous dans un discours dont on a pu apprécier l'élévation et la beauté par les fragments que nous en avons cités.

Là donc repose ce cœur, sous la garde pieuse des filles de sainte Chantal et de saint François de Sales : grands noms auxquels le sien demeure inséparablement attaché. A Laval, l'affection et la reconnaissance lui élèveront un monument plus complet peut-être, non plus attendrissant. Il n'a point fait, hélas ! à Laval son œuvre ; il n'y a point eu le renouvellement d'activité et de vie que nous avions espé-

(1) On y a gravé cette inscription :

Hic in pace Christi
Quiescit cor Ill. ac RR.
L. V. E. BOUGAUD
Valleguidon. Antistitis
Olim Episc. Aurel. Vic. Gen.
Qui S. J. Fr. de Chantal
Et B. Margueritæ M.
Præclare acta scribendo
De B. M. V. Visitationis Ordine
Optime meruit et Ecclesiæ
Multis scriptis et orationibus
Fuit propugnator insignis

ré : Dieu a eu d'autres pensées ! Mais enfin il y a eu sur son nom ce dernier resplendissement. Et ce n'en est pas moins entre le diocèse auquel il s'était si grandement donné, et lui, à jamais ! Et certes ce n'est pas de lui qu'on pourra dire : *Vocu virum sterilem!* Comme sa vie, trop tôt brisée, a été remplie, et par ces travaux, ignorés des hommes, connus de Dieu seul, auprès des âmes, et par ces prédications, et par ces grands livres, qui ont enrichi les lettres chrétiennes et françaises ! Les quatorze volumes qu'il nous a laissés sont là pour l'attester (1), que de belles idées, que de nobles sentiments, que de grandes vérités, il aura agités et semés dans les âmes ! En lui l'Église de France a perdu une de ses lumières et de ses forces. Plus tôt évêque, peut-être l'Académie se fût honorée de le recevoir dans son sein.

Quoi qu'il en soit, sa vie est belle, sa gloire est pure, son nom dans l'Église de France demeurera grand.

L'abbé F. LAGRANGE.

8 juillet 1889.

(1) *Histoire de saint Bénigne, premier évêque de Dijon*, 1 vol. — *Histoire de sainte Chantal*, 2 vol. — *Histoire de sainte Monique*, 1 vol. — *Histoire de la bienheureuse Marguerite-Marie*, 1 vol. — *Le Christianisme et les temps présents*, 5 vol. — *Le Grand Péril de l'Église de France*, 1 vol. — *Vie de saint Vincent de Paul*, 2 vol. — *Discours*, 1 vol. — Il a de plus extrait lui-même de son grand ouvrage apologétique deux petits volumes : *la Douleur* et *Jésus-Christ*, qu'on ne saurait trop répandre.

Paris. — Imprimerie F. Levé, rue Cassette, 17.

www.ingramcontent.com/pod-product-compliance
Ingram Content Group UK Ltd.
Pitfield, Milton Keynes, MK11 3LW, UK
UKHW020946180726
13838UKWH00003B/1153